Hans Stolp: Behütet und geborgen – Mein Engel und ich

W0068795

Hans Stolp

Behütet und geborgen
– Mein Engel und ich

Aquamarin Verlag

Deutsche Originalausgabe
2. Auflage 2011
© der deutschen Ausgabe
Aquamarin Verlag GmbH
Voglherd 1 • D-85567 Grafing
www.aquamarin-verlag.de

Umschlaggestaltung: Annette Wagner

Druck: Bercker • Kevelaer

ISBN 978-3-89427-486-3

Inhalt

Du, mein Schutzengel, mein Halt

Damals, als ich noch nicht geboren war
Und im strahlenden Licht
Der geistigen Welt lebte, wo alles
Liebe ist, hast du, mein Engel,
Mich auf das kommende Leben vorbereitet.

Du sagtest: „Gleich steigst du hinab auf die Erde,
Um dort Lektionen in Liebe zu lernen.
Du wirst es nicht leicht haben
Und Einsamkeit, Kummer und Angst
Durchstehen müssen. Doch nur so
Wirst du in Liebe wachsen können."

Du erzähltest mir auch, dass ich auf Erden
Würde lernen müssen, auf eigenen Beinen
Zu stehen, und außerdem,
Nicht nur Liebe zu schenken,
Sondern auch, diese anzunehmen.
Denn, so sagtest du, nur wer nehmen kann,
Kann auch geben. Das ist zu deiner Lebenslektion geworden.

~~~~~~

Als ich zur Erde niederstieg
Und mich das Vergessen wie eine Wolke
Einhüllte, verlor ich damit allmählich
Auch die direkte Verbindung zu dir.

Doch obgleich ich mir deiner oft nicht bewusst bin,
Sorgst du auch weiterhin für mich.
Du führst mich liebevoll durch alle meine Lektionen,
Du inspirierst mich und hilfst mir zu wachsen.

Wo ich an Zufall denke, bist du am Werk.
Wo ich zur Erkenntnis komme, wird das möglich,
Weil du es mir einflüsterst. Und wo ich mich
Trotz allem auf den Beinen halte, schenkst du
Mir Kraft – du, mein Engel, mein Halt.

Und später, an der Grenze zwischen Leben und Tod,
Wird der Schleier weichen, und ich werde dich wiedersehen.
Mit inniger Dankbarkeit werde ich in deine Arme
Fallen und spüren: Ich bin zu Hause!

1.

Ein letztes Gespräch mit unserem Engel

Das große Vergessen

Leider haben die meisten von uns etwas ganz Wichtiges völlig vergessen. Viele Menschen vergessen, was denn nun eigentlich geschah, als wir dieses Leben auf Erden begannen. Kleine Kinder erinnern sich manchmal noch vage, bruchstückhaft an jene andere Welt und an alles das, was dort geschah. So sagte ein dreijähriges Kind einmal ganz spontan und unbefangen: „Gott ist Liebe, Mama, nur Liebe." Erstaunt fragt man sich, woher jenes Kind diese Weisheit nimmt und wie es möglich ist, dass ein dreijähriges Kind sich so erwachsen ausdrückt. Ein anderes Kind erzählte: „In der Welt Gottes ist nur Licht, dort sind sie alle lieb zueinander." Ein Mädchen sagte zu seiner Mutter: „Als ich noch alles wusste, habe ich dich gesehen, Mama, denn du warst auch dort." Das Mädchen, für das diese Erinnerung so selbstverständlich war, fand es nur komisch, dass seine Mutter sich nicht mehr daran erinnern konnte.

Die Zahl der Kinder, die in jungen Jahren noch Erinnerungen an die Welt vor ihrer Geburt haben, scheint in unserer heutigen Zeit immer mehr zuzunehmen. Kennzeichnend für die Kinder der Neuen Zeit ist es eben, dass sie noch eine lebendige Verbindung zu jener Welt haben, aus der sie kommen – zur geistigen Welt. Leider verschwimmen die Erinnerungen an diese Welt bei den meisten von ihnen später, wenn sie älter werden. Haben sie erst einmal die Pubertät hinter sich, haben die meisten von ihnen auch die letzten Einzelheiten und Erinnerungen daran vergessen, was vor diesem Leben, in jener anderen Welt, geschah.

Eigentlich ist es seltsam, dass wir alle diese Erinnerungen vergessen haben; denn dort, in jener Welt vor unserer Geburt, haben wir uns ganz bewusst und mit all unserer Aufmerksamkeit auf das neue Leben auf Erden vorbereitet, das bald für uns beginnen sollte. Dabei wurden wir von unserem persönlichen Engel, unserem Schutzengel, äußerst liebevoll begleitet. Er/sie hat uns unter anderem in konkreten Bildern gezeigt, was uns auf Erden erwarten und wie das kommende Leben in groben Zügen aussehen würde. Außerdem bekamen wir die allerwichtigsten Ereignisse dieses Lebens bereits zu sehen – Ereignisse, die uns entweder tiefe Freude bereiten oder schweren Kummer zufügen würden. Wir bekamen gezeigt, warum diese Erfahrungen für unser geistiges Wachstum nötig sind und was wir daraus lernen können.

Die Tatsache, dass wir diese Bilder im Voraus zu sehen bekamen, hat eine besondere Bedeutung: Es ist wichtig, dass wir tief in unserem Inneren wissen, dass die bevorstehenden Lebenslektionen auf Erden nicht sinnlos sind, sondern uns einen geistigen Gewinn bringen können. Dieses Wissen soll uns die Kraft geben, alle unsere Lektionen gut zu meistern und nicht daran zugrunde zu gehen.

So muss die Vorbereitung auf jenes neue Leben ungefähr erfolgt sein …

Wir bekamen im Zuge dieser Vorbereitung auf unser zukünftiges Erdenleben auch gezeigt, welchen geliebten Menschen und Bekannten wir begegnen würden, auch wenn uns dabei wahrscheinlich zugleich gesagt wurde, dass wir einander nicht direkt wiedererkennen würden. Letzteres müssen wir dort, in jener Welt des strahlenden Lichtes, wohl recht befremdlich und in der Tat völlig unbegreiflich gefunden haben. Wir konnten uns in der Welt des Lichtes ja nicht wirklich vorstellen, dass wir alle lieben Menschen, mit welchen wir so viele Jahrhunderte und so viele Leben lang zusammen waren, und die uns so vertraut sind, auf Erden bald nicht mehr erkennen würden. Das kann doch nicht möglich sein, oder? Doch sehr wahrscheinlich hat unser Engel uns erklärt, dass man sich in der geistigen Welt gegenseitig ganz direkt und von innen her erkennt. Wir erkennen den anderen dort augenblicklich, intuitiv, in seinem eigentlichen, tiefsten Wesen, d.h. in seinem Inneren. Diese Form des Erkennens bezeichnen wir auch als *telepathisches Erkennen*.

Doch auf Erden erkennen wir einander vor allem an unserem Äußeren, also an unserem äußeren Auftreten. Es dauert lange, bevor wir hier auf Erden hinter dem Äußeren das tiefere Wesen des anderen entdecken lernen. Es dauert aber meist noch länger, bevor wir hier entdecken: „Eigentlich kenne ich dich schon viel länger. Ich fasse gerade, dass ich dich schon viele Leben lang kennen muss." Mit anderen Worten: Wir benötigen hier auf Erden oft eine lange Zeit, bevor wir Dinge entdecken, die in der geistigen Welt noch so selbstverständlich sind.

Unser Engel muss ziemlich viel Arbeit haben, um uns dies alles zu erklären. Vor allem, weil die irdische Wirklichkeit dort so schwer zu begreifen ist.

So muss die Vorbereitung, die uns unser Engel für unser neues Leben auf Erden mit auf den Weg gegeben hat, ungefähr wie folgt verlaufen sein …

Manche von uns freuten sich auf jenes neue Leben, andere sträubten sich richtig, je nachdem welche Bilder sie von jenem zukünftigen Leben hatten sehen dürfen. Doch ob wir nun Angst hatten oder nicht – neugierig waren die meisten von uns wahrscheinlich doch, denn so langsam waren wir wieder auf ein neues Abenteuer auf Erden aus. Je mehr wir uns auf dieses neue Leben einstellten, desto mehr begann jenes strahlende Licht um uns herum zu verblassen und desto mehr verloren wir die Erinnerung an alles, was sich in der geistigen Welt abspielte. In Gedanken waren wir bereits unterwegs. Das Abenteuer lockte. Ungefähr so muss es gewesen sein.

Ein abschließendes Gespräch

Bevor wir tatsächlich auf die Erde herabgestiegen sind, hatten wir oft noch ein letztes Gespräch mit unserem Schutzengel. So ist das ja immer in der geistigen Welt, wenn ein Mensch kurz davor steht, auf die Erde hinabzusteigen. Nun wussten wir ja sehr wohl, dass wir die Reise nicht allein tun würden, sondern dass unser Schutzengel uns begleiten und dort unten, auf Erden, allzeit bei uns bleiben würde. Ich stelle es mir so vor, dass dieser Gedanke uns ein beruhigendes Gefühl vermittelt hat: Es würde immer jemand da sein, auf den wir bei Schwierigkeiten oder Problemen zurückgreifen konnten und der uns mit all seiner Liebe beistehen würde.

Nun wird uns unser Engel sicherlich auch erzählt haben – denn das muss beim letzten Gespräch immer gesagt werden – dass wir ihn/sie dort, auf Erden, nicht länger würden sehen können. Das werden wir zu jenem Zeitpunkt nicht als so problematisch betrachtet haben; denn er hatte zugleich angefügt, dass wir seine stille Hilfe, seine Anwesenheit und seine Liebe jederzeit würden spüren können. „Das muss doch reichen!", dachten wir bestimmt, „zu spüren, dass da jemand ist, der jederzeit für uns einstehen wird. Jemand, der uns inspirieren und uns helfen wird, die richtigen Worte zu wählen. Jemand, der uns immer wieder anspornen wird, um den Weg der Liebe zu wählen."

Nun erfahren wir in der Welt des Lichtes alle Dinge über das Gefühl. Folglich empfanden wir es wahrscheinlich nicht als besonders schlimm, dass wir auf Erden die Anwesenheit unseres Engels nicht sehen, sondern allenfalls nur fühlen würden. Wir konnten es uns nicht vorstellen, wie schwer es uns auf Erden fallen sollte, die Anwesenheit unseres Engels zu spüren – ganz abgesehen von den Schwierigkeiten, jenes Gefühl auch ernst zu nehmen.

Mit der Einsamkeit konfrontiert

Bei jenem letzten Gespräch hat unser Engel sicherlich in etwa auch Folgendes gesagt: „Du wirst nun eine ganz besondere Inkarnation durchleben. Du wirst auf Erden Gefühle erfahren, die du nur in dieser Zeit so intensiv erleben kannst. Du wirst dich manchmal ganz einsam und mutterseelenallein fühlen. Natürlich hast du dich auch in früheren Leben schon einmal allein und einsam gefühlt. Doch diesmal wirst du dieses Gefühl stärker und tiefgreifender verspüren als jemals zuvor. Die Einsamkeit wird dich so stark erfassen, dass du den Kampf mit jenem Gefühl, das dich zu ersticken droht, wirst aufnehmen müssen. Wenn du das nicht tust, wirst du an der Einsamkeit sterben."

Damals, als unser Engel das zu uns gesagt hat, werden wir wahrscheinlich etwa Folgendes gedacht haben: „Ach, das schaffen wir doch leicht. Wir haben doch bisher alles geschafft, warum sollten wir denn das nicht schaffen?" Das denkt man natürlich recht leicht, solange man noch vom göttlichen Licht der Liebe getragen und angestrahlt wird, das uns in jener anderen Welt stets umhüllt. In einem solchen Umfeld können wir normalerweise nicht verstehen, dass Einsamkeit etwas ganz Schmerzhaftes, ja sogar eine Qual sein kann.

Wahrscheinlich wird unser Engel uns auch erklärt haben, weshalb wir diese Einsamkeit durchleben müssen. Ich denke mir, dass er es in etwa folgendermaßen formuliert hat: „Wer die tiefste Einsamkeit durchlebt, lernt letztendlich, allerlei falschen Halt loszulassen. Er lernt letztendlich, auf die einzige Hilfe zu vertrauen, die in der Einsamkeit übrig bleibt – die Hilfe Gottes."

Unser Engel wird uns auch gesagt haben, dass dies erst die erste von all den besonderen Lebenslektionen ist, die wir in der heutigen Zeit hier auf Erden lernen können. Dabei wird er sicherlich auch gesagt haben, dass diese erste Lektion gleich eine ziemliche Herausforderung darstellt, dabei gleichzeitig jedoch auch eine Lektion ist, die uns großen inneren Gewinn einbringen kann. Doch ich glaube, dass wir diese Worte kaum gehört haben. Wir werden, so wie Kinder gegenüber ihren Eltern, gedacht haben, dass unser Engel nun einmal wieder aufhören solle, uns in den Ohren zu liegen, damit wir uns endlich auf den Weg zu diesem fernen Planeten Erde machen können, der uns immer mehr anzuziehen beginnt.

Doch irgendwie haben wir diese Worte unseres Engels doch in unseren Herzen bewahrt; denn viele Menschen beginnen, sich während ihres Lebens auf Erden an diese Worte zu erinnern, wenn die Einsamkeit anfängt, ihnen so viel Schmerz zu bereiten, dass sie sich selbst fragen: „Warum muss ich so einsam sein?" Wenn sie sich dann ganz lange mit dieser schmerzhaften Frage nach dem Grund herumgeschlagen haben, erinnern sich viele allmählich wieder ganz dunkel an diese Worte ihres Engels, die irgendwo in ihrer Seele abgespeichert sind. Wenn sie sich an diese Worte wieder zu erinnern beginnen, schenken diese ihnen die Kraft, durch den Schmerz der Einsamkeit hindurch weiterzugehen.

Die Konfrontation mit der Angst

Bei jenem letzten Gespräch sagte unser Engel noch Folgendes zu uns: „Neben der Einsamkeit wirst du auch noch mit allerhand Angstgefühlen konfrontiert werden. Das ist die zweite große Lektion dieser Inkarnation. Die Angst wird auf verschiedenste Weise in dein Leben treten. Sie wird sogar so stark werden, dass sich ganz viele Menschen allein schon vor der Angst fürchten werden. Viele werden vor lauter Angst gewalttätig werden, denn Angst macht Menschen aggressiv. In der kommenden Inkarnation wirst du denn auch mit verschiedenen Formen von Aggression konfrontiert werden – sowohl der anderer Menschen, als auch der, die in dir selbst sitzt."

Ich denke, dass viele von uns angesichts dieser Worte doch etwas nachdenklicher wurden. Wir hatten uns bisher im Hinblick auf diese neue Inkarnation eigentlich keine Sorgen gemacht; denn wenn man in der strahlenden Welt der Liebe und des Lichtes lebt, kann man sich eigentlich gar nicht mehr vorstellen, was Angst ist, und überhaupt nicht begreifen, dass Menschen sich jemals einfach von Gewalttätigkeit übermannen lassen. Doch nun, da unser Engel so ernsthaft mit uns gesprochen hatte, begannen wir doch, über diese neue Inkarnation etwas ernsthafter nachzudenken.

Glücklicherweise nahm uns unser Engel zugleich unsere größte Sorge, denn er fügte seinen ernsten Worten Folgendes hinzu: „Du musst dir aber wirklich keine Sorgen machen, denn du wirst auf Erden auch entdecken, dass du letztendlich stärker bist als die Angst. Die Überwindung der Angst wird dir einen geistigen Gewinn schenken, der für alle deine folgenden Leben von großer Bedeutung ist. Wer Angst hat, muss sich nämlich auf die Suche nach dem einzigen Halt machen, dem man vertrauen kann – nach der Verbindung zur Welt Gottes. Die Angst wird die Menschen dazu bringen, die Kraft des Gebetes zu entdecken und zu erkennen, welche Hilfe die Meditation bieten kann. Außerdem wird die Angst sie dazu bringen, alle geistigen Kräfte zu wecken, die in ihnen stecken – einfach, weil sie diese Kräfte benötigen, um den Halt unter den Füßen nicht zu verlieren. Dabei werden die Menschen zu ihrer Überraschung entdecken, dass sie um vieles stärker sind, als sie jemals gedacht haben. Es mag vielleicht befremdlich klingen, doch die Konfrontation mit der Angst wird den Menschen großen inneren Gewinn bringen."

So nahm uns unser Engel unsere Sorge, bereitete uns jedoch zugleich auf das vor, was uns bevorstand. Natürlich schlossen wir seine Worte tief in unser Herz ein – und wenn es in unserem neuen Leben auf Erden nötig sein sollte, würden wir uns wieder an diese Worte erinnern können. Doch nur dann, wenn wir nicht vergessen würden, auf unser Herz zu hören.

Gegen Ende jenes Gespräches sagte unser Engel wahrscheinlich auch noch Folgendes: „Es ist eine ganz besondere Inkarnation, die nun beginnen wird. Die Erde macht eine große Wandlung durch. Stürme kommen und gehen, Kriege werden ausbrechen, die Wässer werden nicht mehr zu bändigen sein, und viele werden in den Bann der Angst und der Einsamkeit geraten. Alle diese düsteren und zerstörerischen Erfahrungen werden sie rebellisch und aggressiv machen, verhärten und verbittern lassen. Doch gerade diese düstere Zeit wird der Vorbote des neuen Lebens werden, das auf Erden geboren werden wird. Die bedrückende Finsternis wird vor dem Licht einer neuen Morgendämmerung weichen müssen. Und du – du darfst dabei sein. Du darfst dieses Wunder schauen. Doch nicht nur das – du darfst darüber hinaus auch noch dazu beitragen, dass diese Erneuerung und Heilung der Erde auch tatsächlich Wirklichkeit wird. Vergiss nicht: Gott braucht dich auf Erden."

Vielleicht kannst du dich, genau wie ich auch, noch an diese letzten Worte erinnern. Ich selbst erinnere mich noch gut, wie jene letzten Worte meines Engels: „Gott braucht dich auf Erden" eine ganze Weile lang nachgeklungen sind. Sie hallten sogar noch in meinem Herzen wider, als ich nach unserem letzten Gespräch automatisch mit diesem langen Abstieg zur Erde begann.

Der Weg der Liebe

Bevor wir diesen Abstieg begannen, sagte unser Engel noch: „Du hast dich inzwischen gut auf dein neues Leben vorbereitet. Bald, auf deinem Weg, werde ich dir nochmals die allerwichtigsten Dinge zeigen, die du in deinem Herzen bewahren musst, um für dieses neue Leben gut gerüstet zu sein. Aber nun möchte ich dir, bevor du dich auf die Reise machst, vor allem noch Folgendes sagen: Im Grunde geht es auf Erden nur um eines – es geht darum, der Liebe treu zu bleiben, was auch immer geschehen mag. Suche immer wieder die Liebe in deinem Herzen, und lasse immer wieder die Kraft der Liebe über deine Ängste, deine Wut, deine Enttäuschungen und deine Ohnmacht siegen. Merke dir Folgendes gut: Lasse die Liebe dein Herz regieren. Nur die Liebe; denn auf Erden geht es darum, sich für die Liebe zu entscheiden. Nur darum. Und der Einzige, der diese Entscheidung treffen kann, bist du; denn auf Erden bist du ganz frei, um zu wählen, was du willst. Doch immer dann, wenn du die Liebe vergisst oder vernachlässigst, werde ich da sein, um dich wieder an sie zu erinnern; denn allein um die Liebe geht es. Daher hoffe ich, dass du auf Erden auf mich hören wirst."

So beschloss unser Engel sein letztes Gespräch mit uns. Zugleich mit diesen letzten Worten begann der Abstieg zur Erde. Ich bezeichne es hier als *Abstieg*, doch es war mehr so, als würde ich von einer unwiderstehlichen Kraft mitgezogen, und als würde die Lichtwelt immer kleiner werden und sich verengen. Dies ging so lange, bis jegliches leuchtende Licht der Welt Gottes verschwunden war und ich seine Wärme und Liebe nicht mehr spüren konnte. Je mehr das Licht der Welt Gottes verblasste, desto mehr begann ich, die Worte meines Engels zu vergessen. Ich konnte mich nicht einmal mehr daran erinnern, dass mein Engel und ich zuletzt in der Welt Gottes noch ein solch wichtiges Gespräch geführt hatten. Das große Vergessen setzte ein. Doch in meinem Herzen hallten immer noch diese beiden kurzen Aussprüche wider: „Gott braucht dich auf Erden." und „Allein um die Liebe geht es." Sie hallten wie eine Art Gebet in meinem Herzen wider.

2.

Das Lebensthema Gleichberechtigung

Neue Lebenslektionen in jeder Inkarnation

Durch die Vorbereitung, die unser Engel uns für unsere Reise auf die Erde mit auf den Weg gegeben hat, wissen wir, welches die wichtigsten Herausforderungen unseres neuen Erdenlebens sein würden: Die Konfrontation mit den dunklen Mächten der Angst und der Einsamkeit sowie zu lernen, den Weg der Liebe zu beschreiten.

Doch darüber hinaus schenkte uns unser Engel auch noch Einblick in die wichtigsten Aufgaben, die wir in diesem neuen Leben zu erfüllen haben würden. Jede Inkarnation auf Erden steht nämlich im Zeichen eines bestimmten Themas oder einer bestimmten Lebenslektion. Jedes Thema bekommt man nur in einer bestimmten Inkarnation vorgelegt. Das Leben auf Erden und die Entwicklung der Menschheit haben dann genau jenen Punkt erreicht, an dem es möglich ist, diese ganz spezifischen Lektionen zu lernen. In späteren Inkarnationen bekommt man dann wieder andere Lebenslektionen vorgelegt, weil das Leben auf Erden und die Beziehungen zwischen den Menschen untereinander und mit der Natur wieder ganz anders geworden sind.

Denken wir dabei beispielsweise an die Tatsache, wie häufig das Verhältnis zwischen Judentum und Christentum einerseits und dem Islam andererseits auf des Messers Schneide stand. Das bedeutet, dass einige von denjenigen, die etwa in der heutigen Zeit geboren werden, es als Lebensaufgabe mit auf den Weg bekommen, dabei zu helfen, mit den Vorurteilen zwischen den verschiedenen Religionen aufzuräumen und die Versöhnung zwischen ihnen herbeizuführen.

Es ist daher notwendig, sich in jeder Inkarnation der Lebenslektionen bewusst zu werden, die man nur dann, im entsprechenden Leben, lernen kann, um sich diesen mit vollem Einsatz zu widmen. Dies alles bedeutet auch, dass jede Inkarnation wichtig ist, weil man nur in dieser bestimmten Inkarnation eben seine besonderen Lektionen lernen kann. Manche Menschen haben nämlich zu Unrecht den Eindruck, dass uns das Denken in Begriffen wie *Karma* und *Reinkarnation* geistig träge macht. Weil wir, so denken sie, in der nächsten Inkarnation ohnehin wieder die Chance bekommen, das nachträglich zu vollenden, was im vorangegangenen Leben liegen geblieben ist. Das trifft natürlich so nicht zu, weil uns in der nächsten Inkarnation wieder neue, andere Lebenslektionen erwarten.

Die Lebenslektion der Gleichberechtigung

Angesichts der Bedeutung dieser Lebenslektionen ist es ganz logisch und verständlich, dass unser Engel bereits lange vor unserem letzten Gespräch und Abstieg zur Erde mit uns darüber gesprochen hat. Ich denke, dass er uns auf diese Lektionen in etwa mit folgenden Worten vorbereitet hat: „Im neuen Leben auf Erden wirst du lernen dürfen, jeden Menschen auf Erden als gleichwertig zu betrachten. Zum ersten Mal in der Evolution der Menschheit wirst du eine ganz besondere Lebenshaltung auf Erden erlernen und dir aneignen dürfen, nämlich ein Leben gleichberechtigt mit anderen zu führen. Du wirst deine eigene Autorität sein und lernen, dich von anderen nicht beherrschen zu lassen. Außerdem wirst du auch begreifen, anderen ihre Freiheit zu lassen und sie nicht zu beherrschen. Männer und Frauen werden daran arbeiten, gleichberechtigt miteinander umzugehen. Christen, Moslems und Juden werden lernen, sich auf der Ebene der Gleichberechtigung zu begegnen. Niemand soll sich als mehr wert oder besser als der andere betrachten. Das ist das erste große Lebensthema der besonderen Zeit, in der du künftig auf Erden leben darfst – Gleichberechtigung für dich selbst zu verwirklichen und diese auch anderen zu ermöglichen. Bedenke dabei auch Folgendes: Es wird für die Menschheit nicht einfach sein zu lernen, diesen Schritt zu tun, ganz im Gegenteil. Wo ein Schritt nach vorne getan werden muss, verfallen manche Menschen einfach wieder zurück in alte Muster. Wo das Licht zunimmt, wächst auch stets der Schatten. Folglich wirst du bald auf Erden sehen, dass sich manche Menschen verbissen an alten Machtstrukturen und ungleichen Machtverhältnissen zwischen Menschen festhalten, beispielsweise zwischen Mann und Frau. Doch du wirst auch erleben, dass andere wiederum förmlich mit sich selbst ringen, um auf diesem Gebiet jenen wichtigen Schritt nach vorn zu tun. Es wird ein heftiger Kampf werden. Jeder Mensch, der diese Erkenntnis hat und bereit ist, jenen Schritt nach vorn zu tun, ist auf Erden nötig, damit dieser Fort-Schritt auch tatsächlich möglich wird. Daher ist auch dein Beitrag zu diesem Punkt so wichtig."

Die Rolle der Macht
und der Angst in unserem Leben

Wahrscheinlich werden wir bei den Worten unseres Engels automatisch auf unsere vorangegangenen Leben zurückgeblickt haben. Wir sind neugierig geworden, ob es wirklich wahr ist, dass die Menschheit noch nie zuvor in einem Zustand der Gleichberechtigung gelebt hat. Sicher, in der geistigen Welt konnten wir uns das kaum vorstellen, weil Gleichberechtigung dort selbstverständlich ist. Doch rückblickend werden wir mit einem Blick erkannt haben, dass unser Engel recht hat: Niemals zuvor ist die Menschheit so kurz davor gewesen, diesen besonderen Schritt hin zur Gleichberechtigung zu tun. Ob die Männer die Macht in Händen hielten, was meist der Fall war, oder die Frauen – Könige, Kaiser und andere Machthaber herrschten oft mit absoluter Autorität über die Menschen, so dass ihre Untertanen unfrei und nicht in der Lage waren, gleichberechtigt neben- und miteinander zu leben. [1]

Analysieren wir die geistigen Muster, die hinter diesen äußeren Formen der Ungerechtigkeit wirken, so erkennen wir, dass die Menschheit – bis heute – niemals in der Lage gewesen ist, ihr Machtbestreben loszulassen. Macht schafft ja die Illusion von Sicherheit; und gerade das Streben nach Macht hat wieder und wieder Unterwürfigkeit des einen und Beherrschung durch den anderen verursacht. So kam es immer wieder zu ungleichen Verhältnissen.

Doch nicht nur das Machtstreben drängte die Menschen in die Rolle des Herrschers bzw. des Unterwürfigen. Wir erkennen, dass der Mensch immer wieder von der Angst getrieben wird, wenn er sich anderen unterwirft. Angst macht Menschen klein und nimmt ihnen ihr Selbstbewusstsein. Angst bringt Menschen dazu, jemanden zu suchen, der sie führt, anstatt selbstbewusst den eigenen Weg durchs Leben zu wählen. Angst ist daher nach dem Machtstreben der zweite große Motor hinter diesen uralten Mustern der Un-Gleichberechtigung.

Wenn wir zurückblicken, werden wir übrigens überrascht feststellen, welche große Rolle die Angst im Leben der Menschen spielt. Warum sollte diese Angst im kommenden Leben denn dann noch stärker werden als früher? Damals, als unser Engel diese Frage in unserem Herzen las, sagte er: „Diesmal werdet ihr die Angst durchleben müssen, um sie für immer zu überwinden. Es gibt keinen anderen Weg, um die Meisterschaft über die Angst zu erringen, als durch sie hindurch zu gehen. Nein, es gibt keinen anderen Weg."

Die Geburt des Höheren Selbst

Gleich darauf stellte er uns eine Frage: „Weißt du, warum die Menschheit nun endlich imstande ist, diesen entscheidenden Schritt in ihrer Entwicklung zu tun? Verstehst du auch, weshalb es erst jetzt möglich ist, den Schritt von der Ungleichbehandlung hin zur Gleichberechtigung zu tun?" Glücklicherweise gab uns unser Engel selbst die Antwort: „Das rührt daher, weil der Mensch erst jetzt beginnt, sich jener göttlichen Kraft in sich selbst bewusst zu werden, die auf Erden *Höheres Selbst, Buddha-Natur, Innerer Christus* oder *Geist* genannt wird. Das Ego kann nur in Begriffen von Macht und Sicherheit denken. Das Höhere Selbst jedoch fordert darüber hinaus, dass alle Menschen zu ihrem Recht kommen, jeder auf seine Weise; und dies ist nur über den Weg der Gleichberechtigung möglich. Daher strebt diese göttliche Kraft, das Höhere Selbst, das nun auf Erden in euren Herzen geboren werden wird, nach Gleichberechtigung. Doch das Ego, das bis heute die Menschenherzen beherrscht, kennt nur jenes Machtstreben oder jene Angst, allein dazustehen. Wenn du diese besondere Entwicklung erkennst, wirst du verstehen können, weshalb Gleichberechtigung erst in der jetzigen Zeit zum ersten Mal auf Erden möglich wird."

Glücklicherweise erklärte unser Engel auch, was jeder von uns persönlich tun muss, um diese Geburt des Höheren Selbst in uns zu ermöglichen. Daher fügte er seinen Worten noch Folgendes hinzu: „Um diese göttliche Kraft jedoch in dir wirksam werden zu lassen, wirst du einerseits lernen müssen, Selbstvertrauen zu entwickeln, denn nur dann fühlst du dich nicht minderwertiger als ein anderer, und nur dann neigst du nicht dazu, den anderen auf ein Podest zu setzen und dich selbst kleiner zu machen, als du eigentlich bist. Andererseits wirst du jedoch auch deinen unberechtigten Hochmut ablegen müssen, der dich dazu verleiten will, zu denken, dass du mehr kannst oder besser bist als ein anderer. Selbstvertrauen zu entwickeln und den Hochmut abzulegen – allein diese beiden Dinge ermöglichen die Geburt jener göttlichen Kraft im Menschen. Wer das begreift und versteht, hat das Geheimnis unserer besonderen Zeit auf Erden erkannt."

Der Abstieg des kosmischen Geistes der Liebe auf die Erde

Dann, nachdem unser Engel uns Einblick in dieses so besondere Geheimnis gegeben hatte, geschah etwas ganz Bedeutungsvolles. Diejenigen von uns, die innerlich bereit waren und sich in früheren Leben bereits darauf vorbereitet hatten, durften etwas unvorstellbar Großartiges sehen. Der Engel nahm sie mit zurück in die Zeit und zeigte ihnen, was vor vielen Jahren auf Erden geschehen war. In jener Zeit hatten die Menschen auf Erden besagtes Geheimnis nicht wahrnehmen können. Sie konnten ja noch nicht hinter den Schleier blicken, der die irdische Wirklichkeit von der geistigen Welt abschirmt. Doch nun, aus der geistigen Welt rückblickend betrachtet, durften einige von uns sehen, was den Menschen damals verborgen geblieben war. Sie sahen, wie der kosmische Geist der Liebe, der in vollkommener Einheit und Verbundenheit mit Gott lebt, im Begriff war, aus den allerhöchsten geistigen Welten auf die Erde hinabzusteigen. Sie sahen, wie die Engel atemlos dem kosmischen Geist bei seinem Abstieg folgten. Es war ja unerhört, was da geschah! Der allerhöchste Geist der Liebe stieg plötzlich aus der Welt des Lichtes, aus seinem Zuhause, hinab auf jenen düsteren kleinen Planeten, die Erde, um dort Einzug zu halten.

Die Menschen, die als Vorbereitung auf ihre neue Inkarnation jenes Geheimnis schauen durften, sahen, wie der große Geist Opfer über Opfer brachte, um sich an die niederen Ebenen der jeweiligen neuen geistigen Welt anzupassen, in die er Stufe um Stufe hinabstieg. Sie sahen, wie er schließlich vor zweitausend Jahren bis auf die Ebene der Erde hinabstieg und sich dort mit dem Menschen Jesus von Nazareth verband. Er erfüllte und durchflutete diesen Menschen. Sie sahen, wie Jesus tagein, tagaus immer stärker von diesem Geist der Liebe durchströmt wurde. Sie sahen, wie er dadurch schließlich ganz zur Liebe wurde, zur kosmischen, bedingungslosen Liebe, zur Manifestation des Geistes der Liebe auf Erden.

Atemlos verfolgten diejenigen, die es sehen durften, dieses große Ereignis. Die Engel, die mit ihnen zusahen, schauten genauso atemlos zu. Sie wussten ja, mehr noch als die Menschen, wie alles entscheidend dieses Ereignis für das Leben auf Erden war. Die Menschen, die zusahen, spürten dessen überragende Bedeutung. Auch wenn sie nichts von diesem großen Geheimnis begreifen konnten, berührte es sie doch zutiefst in ihrem Wesen. Von da an trugen sie für immer die Ehrfurcht vor diesem Geheimnis in ihren Herzen; denn wer dieses kosmische Geheimnis sehen darf, wird von diesem Augenblick an ein anderer Mensch. Selbst wenn sie alle später, bei ihrem Abstieg zur Erde, dieses Geheimnis wieder vergaßen – die Ehrfurcht und jenes Gefühl der Großartigkeit blieben in der Stille ihres Herzens bewahrt, auch als sie in einem neuen Körper auf Erden lebten.

Der Engel zeigte ihnen außerdem, wie Jesus den Geist, den er empfangen und der ihn umstrahlt hatte, bei seinem Tod gebar. Denn als er am Kreuz starb, brachte er den kosmischen Geist der Liebe, den Christus, als irdische Kraft hervor. In den alten Texten steht über Jesus geschrieben: Damals, als er am Kreuz starb, *gab er seinen Geist*. Das bedeutet, dass er in jenem Moment den kosmischen Geist der Liebe gebar, der in ihm und durch ihn zu einer irdischen Kraft umgeformt wurde.

Von jenem Moment an begann dieser Geist, auf alles Leben auf Erden einzuwirken. Er begann, die Menschen Schritt für Schritt zur Selbstständigkeit hinzuführen, er lehrte sie zu denken, er lehrte sie, sich *der Welt* bewusst zu werden, in der sie lebten, und bereitete sie darauf vor, sich *ihrer selbst* bewusst zu werden. Zweitausend Jahre lang wirkte dieser Geist unaufhörlich an der Erhöhung des Menschen und an seinem geistigen Wachstum. Eben diesen Prozess, der unseren Augen auf Erden verborgen ist, durften diejenigen sehen, die auf eine neue Inkarnation vorbereitet wurden und geistig so weit gewachsen waren, dass sie dieses Geheimnis auch wirklich in ihrem Herzen aufnehmen konnten.

Das Höhere Selbst

Zuletzt ließ der Engel diejenigen, die alles sehen durften, einen Blick auf die kommenden Entwicklungen auf Erden werfen. In der geistigen Welt kann man ja nicht nur in der Zeit zurückblicken, sondern auch vorausschauen. Dabei sahen sie, wie sich ein Großteil der Menschen auf Erden nun so weit entwickelt hat, dass sie sich dieser göttlichen Kraft in ihrem Inneren bewusst werden können. Der Engel zeigte ihnen, wie das möglich werden würde: Indem der kosmische Geist der Liebe – der ja auf die Erde hinabgestiegen und eine auf Erden wirksame Kraft geworden war – in diesen Menschen den göttlichen Funken zum Leben erwecken würde. Bei jedem Menschen, der dazu bereit ist und sich dem nicht innerlich verschließt, sondern sich für die stille Führung aus der geistigen Welt öffnet, wird der Geist diesen göttlichen Kern zum Leben erwecken. Dadurch, so erkannten diejenigen, die es sehen durften, beginnen sich immer mehr Menschen dieses Gottesfunkens in sich bewusst zu werden – ihres eigentlichen und bis dato verborgenen Wesens. Damit werden sie sich folglich dessen bewusst, was andere als ihre *Buddha-Natur*, ihren *Inneren Christus, den Geist*, ihr *Höheres Selbst* oder ihre *ICH BIN-Kraft* nennen.

Als diejenigen, die dies alles gesehen hatten, später erneut zur Erde hinabstiegen, vergaßen sie zwar auch wieder, was sie gesehen hatten und gerade zu erfassen begannen, doch in ihrem Herzen blieb ein stiller Impuls bewahrt – ein Impuls, der sie während ihres Lebens auf Erden immer wieder dazu bringen sollte, auf die Suche zu gehen sowie alte Muster loszulassen und sich nach neuen Lebensmustern umzusehen. Sie würden ganz lange suchen und Schritt für Schritt die wahre Liebe in sich selbst entwickeln müssen; eine schlichte Liebe, die vom Respekt vor dem anderen getragen ist. Doch wenn ihnen dies gelingt, werden sie sich wieder daran erinnern: „In diesem Leben dürfen wir lernen, diesen wichtigen Schritt hin zu Gleichberechtigung und Selbstständigkeit zu tun."

Auf diese Weise bereitete unser Engel uns auf diese wichtigen Lebensthemen, nämlich die Gleichberechtigung und die Selbstständigkeit, vor. Er/sie legte einen Impuls in unser Herz hinein, der uns dazu bringen soll, so lange weiterzusuchen, bis wir begriffen und mit Herz und Seele gespürt haben, worum es in diesem Leben eigentlich geht.

3.

Das Lebensthema Selbstständigkeit

Lernen, auf eigenen Beinen zu stehen

„Die zweite große Lebenslektion, die uns auf Erden erwarten wird", so erzählte unser Engel, „beinhaltet, dass wir, indem wir fallen und erneut aufstehen, lernen, auf eigenen Beinen zu stehen." Oder anders gesagt: Bei der zweiten Lebenslektion geht es darum, Selbstständigkeit zu erlangen – und jeder von uns wird sich diese Kraft in der heutigen Zeit selbst aneignen müssen.

Glauben Sie übrigens nicht, dass unser Engel dies so dürr und trocken erzählt hat, wie ich es nun niederschreibe – im Gegenteil. Die Sprache der geistigen Welt ist die Bildersprache. Folglich zeigte uns unser Engel dies alles in Bildern. Wir sahen diese Selbstständigkeit in einem Bild vor uns. Wir sahen in Bildern, was es uns als Mensch bringen wird, wenn wir diese Kraft erlangen. Wir sahen ebenfalls in Bildern, dass uns diese Lektion einen besonderen Gewinn einbringen wird, nämlich den, mit zunehmender Selbstständigkeit geradewegs eine ganz neue Lebenshaltung zu entwickeln. Wenn man den Mut hat, auf eigenen Beinen zu stehen, lässt man sich nicht mehr von anderen steuern, sondern wählt bewusst seinen eigenen Weg. Man lernt, eigene

Entscheidungen zu treffen, anstatt andere für sich entscheiden zu lassen. Man nimmt die Verantwortung für das eigene Leben auf sich und schiebt diese nicht mehr auf andere. Man betrachtet sich selbst nicht (mehr) als Opfer, sondern weiß, dass man selbst für das eigene Tun und Lassen verantwortlich ist. Wenn wir lernen, auf eigenen Beinen zu stehen, hat das also große Folgen für uns – und dann wird alles anders.

Diese besondere Lektion hat auch eine ganz besondere Bedeutung; denn wer selbstständig wird, wer die Verantwortung für das eigene Leben auf sich nimmt und den Mut hat, selbst gewählte Entscheidungen zu treffen, egal was andere dazu sagen mögen, ist für die nächste Lektion bereit. Dazu gehört, dass wir lernen, auf unser eigenes inneres Wissen zu hören, mehr als auf die vielen Autoritäten im Äußeren. Das bedeutet folglich auch, dass wir uns nach innen richten, dort den Kern unseres Lebens finden und uns nicht mehr an der Außenwelt orientieren, um dort die Hilfe und die Kraft zu suchen, die wir benötigen. Es findet folglich eine Umkehr von außen nach innen statt. Und um diese Umkehr geht es.

Die dreifache Kraft des Denkens, Fühlens und Wollens

Wenn es uns gelingt, auf eigenen Beinen zu stehen und selbstständig zu werden, befreien wir uns selbst auf drei verschiedene Weisen. Nur dann machen wir uns diese Selbstständigkeit in ihrer wesentlichsten, ihrer höchsten Form zu eigen.

1. Zuerst geht es darum zu lernen, unsere Gedanken zu befreien; denn diese Lektion an Selbstständigkeit lehrt uns nun einmal nicht, das zu denken bzw. das für wahr zu halten, was andere

uns als richtig und sinnvoll vorgeben. Stattdessen geht es darum, es einfach zu wagen, die Gedanken zu denken und ernst zu nehmen, die aus unserem tiefsten Wesen emporsteigen.

Darüber hinaus dürfen wir lernen, uns in unseren Gedanken nicht länger von Angst, Neid, Enttäuschung oder sonstigen negativen Kräften leiten zu lassen. Nur dann ist es möglich, uns von Vorurteilen zu befreien. Ganz konkret bedeutet das, dass wir in unseren Gedanken keinen Platz für das einräumen, was uns unsere Enttäuschungen, unsere Wut und Ohnmacht denken lassen wollen; denn diese finsteren Gefühle sind Kräfte, die uns immer wieder über andere Menschen negativ urteilen lassen.

Wir werden folglich lernen, unser Denken in zweierlei Hinsicht zu befreien: Von dem, was uns andere denken lassen wollen, und von dem, was unser Ego uns denken lassen will.

„Man muss übrigens dazu geistig ganz stark sein", sagt unser Engel. „Denn wer sich selbst auf diese doppelte Weise befreit und es eigenwillig wagt, die Gedanken zu denken, die aus seinem tiefsten Wesen aufsteigen, der bleibt beinahe immer umstritten. Die Menschen finden es nun einmal schön, wenn man genau dasselbe denkt und sagt, was auch sie selbst denken und sagen. Wenn man nämlich dasselbe sagt und denkt, verleiht ihnen das die nötige Bestätigung, die sie in sich selbst nicht finden können. Das hat freilich zur Folge, dass man von den meisten Menschen als lästig und bedrohlich empfunden wird, wenn man anders denkt als sie selbst. Du wirst also lernen müssen, gegen den Strom zu schwimmen und dich innerlich vom Urteil, das die anderen über dich fällen, zu befreien."

2. Doch wir müssen nicht nur lernen, unabhängig zu denken, wir müssen auch lernen, unsere Gefühle zu befreien, erzählt uns unser Engel. Was unsere Gefühle betrifft, sind wir oft noch unfrei. Wir lassen unsere Gefühle nämlich stark durch unseren

Verstand beherrschen. Wir sagen gleichsam zu uns selbst: Dies darfst du nicht empfinden und das empfindest du falsch! Oder: So darfst du das nicht empfinden. Oder: Was sollen die Leute denken, wenn du das so empfindest. Folglich unterdrücken wir diese Gefühle, verdrängen sie und zwingen uns, etwas anderes zu fühlen, als wir eigentlich von innen heraus spüren. Irgendwie haben viele von uns nicht gelernt, auf ihr eigenes Gefühl zu vertrauen. Daher geht es bei diesen Lebenslektionen darum, dem treu zu bleiben, was man fühlt, ohne Urteil.

Dabei dürfen wir lernen, zwischen dem zu unterscheiden, was unser Ego uns spüren lässt, und dem, was unser tieferes Wesen uns spüren lässt. Unser Ego erfüllt uns mit Angst, Sorge, Vorurteilen und noch vielem mehr. Doch sobald uns diese Art von düsteren Gefühlen durchströmen, ist es wichtig herauszufinden, warum wir eigentlich Angst haben, warum wir Vorurteile haben und warum wir uns solche Sorgen machen. Wenn wir die Ursache dafür entdecken, können wir nämlich beginnen, an uns selbst zu arbeiten, um zu lernen, uns von diesen negativen Gefühlen zu befreien. Doch bedenken Sie dabei eines gut: Was uns unser Ego spüren lässt, ist längst nicht immer negativ. Wenn ich wütend werde, weil jemand meinem Empfinden nach meine Grenzen überschreitet, bedeutet dies beispielsweise, dass ich lernen muss, meine eigenen Grenzen stärker zu wahren und zu beschützen, so dass sich ein anderer nicht mehr so leicht darüber hinwegsetzen kann. Also darf ich meiner Wut dankbar sein. Sie öffnet mir die Augen für die Tatsache, dass ich meine eigenen Grenzen zu wenig hüte. Gleiches gilt auch für den Neid. Wenn ich neidisch bin, bedeutet das meist, dass ich es zu wenig wage, die Aufmerksamkeit anderer einzufordern. Daher werde ich auf andere neidisch, die diese Aufmerksamkeit sehr wohl einfordern und auch bekommen. Meine Eifersucht kann mir beispielsweise auch zeigen, dass ich mich aufgrund meiner Unsicherheit zu wenig respektiert fühle. Dabei geht es folglich darum, die Botschaft der Gefühle zu verstehen, die uns unser Ego vermittelt. Dann können wir uns auf die richtige Weise an die Arbeit an uns selbst machen.

Anders verhält es sich mit den Gefühlen, die aus unserem tiefsten Selbst aufsteigen: Dankbarkeit, Ehrfurcht, Geduld sowie wahrhaftige, selbstlose Liebe. Diese Gefühle bewirken Frieden, Vertrauen und Hingabe. Wenn wir uns selbst einerseits von den Gedanken befreien, die andere uns vorschreiben möchten, und andererseits die Gefühle des Egos dankbar annehmen, weil diese eine Lektion für uns beinhalten, entsteht immer mehr Raum für die tieferen Gefühle in uns, für die Gefühle des Höheren Selbst. Wenn diese stille Kraft in uns zum Leben erwacht, werden wir ein anderer Mensch werden; denn unser tiefstes göttliches Wesen erwacht damit in uns ebenfalls ganz vorsichtig zum Leben. Dann erfüllen wir auch die Aufgabe, die wir ganz besonders für diese Inkarnation gestellt bekommen haben – die Geburt des Höheren Selbst in uns.

„Wenn du es wagst, das zu fühlen, was du eigentlich im tiefsten Wesen spürst", sagt unser Engel, „und diese Gefühle ernst nimmst, eröffnet sich dir eine ganz neue Welt; denn die Gefühle des Höheren Selbst bringen dich immer wieder in Verbindung mit der Essenz – mit dem Herzen – der Menschen und Dinge. Die Gefühle, die aus dem Höheren Selbst aufsteigen, zeigen dir, wer der andere im Wesensgrund ist. Sie zeigen dir, was im Verborgenen, hinter der äußeren Fassade, zwischen Menschen geschieht. Sie zeigen dir auch, welche Fügung und Bedeutung hinter dem sogenannten „Zufall" stecken. Außerdem bieten sie dir Zugang zum Herzen des anderen; und nur durch diese Gefühle kann die wahre, reine Liebe erfahren und begriffen werden."

Immer mehr Menschen finden in diesem Leben den Weg, weg vom Ego, hin zu den stillen Kräften des Höheren Selbst. Dabei entdecken sie, dass unser Engel recht hat: Wer mit den Gefühlen des Höheren Selbst in Verbindung kommt, wird in der Tat ein ganz anderer Mensch und zum Segen für andere. Wer dies persönlich im eigenen Leben erfahren hat, wird dies alles auch sofort erkennen – für andere bleiben es wahrscheinlich nur leere Worte.

3. „Doch wir müssen nicht nur lernen, uns in unserem Denken und in unseren Gefühlen zu befreien", spricht unser Engel. „Wir müssen auch lernen, unsere Willenskraft ernst zu nehmen." In unserem Kopf und unserem Herzen herrscht ja eine solche Flut an Plänen, es leben so viele Sehnsüchte in unserem Herzen, und alle diese Pläne und Sehnsüchte wollen so gerne verwirklicht werden. Dabei ist es wichtig zu lernen, bei uns selbst zu bleiben und uns nicht durch die verschiedensten Dinge ablenken zu lassen. Nur der Mensch, der Nein sagen und die eigenen Grenzen wahren kann, vermag seine Ideale willensstark in konkrete Taten umzusetzen. Die Willenskraft ist folglich der Motor, der es möglich macht, dass unsere Ideale nicht nur schöne Gefühle oder schöne Gedanken bleiben, sondern in konkrete Taten umgesetzt werden. Die Willenskraft sorgt dafür, dass wir beginnen, hinter den Dingen zu stehen, die wir tief in unserem Herzen so gern tun und verwirklichen wollen, ungeachtet dessen, was andere daran finden und davon halten. „Willensstarke Menschen", so erklärt unser Engel, „sind imstande, die Erde in ein Paradies zu verzaubern und neue Entwicklungen anzustoßen, die vielen nicht nur Genesung und Heilung bringen, sondern auch Einblick in das Geheimnis des Lebens schenken können. Doch dann müssen wir lernen, diese Willenskraft nicht in den Dienst dessen zu stellen, was das Ego will und verlangt, sondern in den Dienst dessen, was unser Höheres Selbst verwirklichen will. Willenskraft im Dienste des Egos walzt nämlich über andere hinweg,

Willenskraft im Dienste des Höheren Selbst jedoch bringt Genesung, Heilung, Trost und Liebe mit sich.

Wie Denken, Fühlen und Wollen miteinander in Einklang zu bringen sind

Wir lernten damals schon, in der geistigen Welt, noch bevor wir auf die Erde hinabstiegen, dass jeder Mensch drei göttliche Geschenke bei sich trägt: Denken, Fühlen und Wollen. In unserem irdischen Leben geht es darum, diese drei Kräfte zu läutern, zu befreien und sie kombiniert miteinander wirken zu lassen. „Und", sprach unser Engel, „euer Herz ist dabei der Ort, an dem diese drei Kräfte einander durchdringen, sich miteinander verbinden und einander zu ihrer eigentlichen Kraft und Bedeutung erheben. Seht einmal:

◊ Nur die Willenskraft, die von der Liebe durchdrungen ist, nimmt auf andere Menschen Rücksicht. Eine solche Willenskraft entsteht, wenn diese vom Gefühl erfüllt und so auf eine höhere Ebene gehoben wird. Willenskraft ohne Liebe hingegen fehlt das Mitgefühl. Daher ist es von grundlegender Bedeutung, zu lernen, die Willenskraft und das Gefühl miteinander zu kombinieren.

◊ Nur solches Denken macht Sinn, das über das Gefühl hinausgeht und auf diese Weise zu einem Denken des Herzens wird. Das Denken, das nicht vom Gefühl erfüllt und durchströmt wird, bleibt kühl, kalt oder oberflächlich. Folglich ist es von grundlegender Bedeutung, dass das Denken mit Gefühlen erfüllt wird. Außerdem können wir die Ideale, die wir uns mit unserem Verstand bewusst gemacht haben, nur realisieren, wenn wir lernen, unser Denken auch mit unserer Willenskraft zu verbinden.

◊ Nur solche Gefühle sind sinnvoll, die nicht einfach so wild in unserem Herzen herumwirbeln, sondern die durch das Denken unterschieden und geordnet werden. Nur dann wird der Gefühlsmensch vor einem totalen Chaos bewahrt. Natürlich gilt auch hier, dass Gefühle, die durch das Denken geläutert und geordnet wurden, daraufhin auch noch mit Willenskraft kombiniert werden müssen, um im täglichen Leben zu einer wirksamen Kraft werden zu können."

Das Beispiel der Meister

Unser Engel zeigte uns auch noch etwas anderes. Wir durften nämlich einen Blick auf das Leben der großen Meister werfen – sei es das Leben von Buddha, Jesus Christus, Mahatma Gandhi, Maria Magdalena, Lao-Tse, Mutter Teresa und vielen anderen. Als wir die Bilder von deren Leben gezeigt bekamen und sie in ihrer eigenen Zeit und ihrer eigenen Kultur wirken, leben und sprechen sahen, erkannten wir für uns: Diese Meister haben ihre Denkkraft, ihr Empfindungsvermögen und ihre Willenskraft vom Ego befreit und geläutert. Sie haben gelernt, diese drei miteinander zu verbinden und bis auf die Herzensebene zu heben. Daher wurden sie zu jenen großen Anführern, welche die Menschheit so sehr benötigt. Indem wir die großen Meister betrachten, begreifen wir: Das wird also unsere Aufgabe sein – diese drei großen göttlichen Kräfte, die jeder Mensch auf Erden mitbekommt, zu läutern, zu Liebeskräften umzuformen und miteinander zu verbinden. Wie glücklich muss unser Engel gewesen sein, als wir das Geheimnis der großen Meister begriffen haben. Dieses Wissen und diese Erkenntnis sollten es uns ermöglichen, so ließ er uns ohne Worte spüren, uns im kommenden Leben bei uns selbst an die Arbeit zu machen, um in unserem eigenen Herzen diese drei großen Kräfte des Fühlens, Wollens und Denkens miteinander zu verschmelzen.

Der Weg nach innen ist Voraussetzung für unsere Wiedergeburt

Unser Engel erklärte uns bei der Vorbereitung auf das kommende Leben auch, dass die Lektion in Selbstständigkeit und im Lernen, den Weg nach innen zu gehen, wichtige und notwendige Lektionen sind. „Nur wer lernt, auf das eigene Innere zu hören", so sagte er, „findet auf diese Weise den Weg zur verborgenen göttlichen Kraft im Inneren, zum Höheren Selbst." Solange wir noch denken, dass andere uns erzählen können, wie das Leben funktioniert, und solange wir noch denken, dass diese anderen es immer besser wissen als wir selbst, so lange werden wir automatisch unsere Aufmerksamkeit nach außen richten, auf die anderen, und nicht nach innen. Doch wenn wir nicht lernen, den Weg nach innen zu gehen, werden wir niemals imstande sein, das Höhere Selbst in uns zu befreien.

In verschiedenen Kulturen und Religionen wird das Erwachen unseres Höheren Selbst als geistige *Wiedergeburt* bezeichnet. Diese Wiedergeburt ist eine geistige Geburt, weil unser eigentliches, verborgenes Wesen dadurch ans Licht kommt. Durch diese Verwandlung entdecken wir die Kraft des wahrhaftigen Vergebens und lernen loszulassen. Dank dieser Wiedergeburt finden wir den Weg zu Hingabe und Vertrauen. Bei unserer ersten Geburt werden wir durch unseren Vater und unsere Mutter erweckt, und unsere Mutter bringt uns neun Monate später zur Welt. Bei unserer zweiten Geburt kommt unser Geist in uns ans Licht. Es ist unser persönlicher Engel, mit dessen Hilfe wir auf dieser tieferen Ebene geboren werden. Daher heißt es in den verschiedenen esoterischen Überlieferungen immer, dass unsere erste Geburt eine *aus dem Fleische* ist, unsere Wiedergeburt jedoch dem Geist entspringt.

In der vorchristlichen Zeit erhielten die Adepten – diejenigen, die auserkoren waren, die Mysterienschule zu besuchen – eine Ausbildung oder Schulung, die darauf ausgerichtet war, den inneren geistigen Menschen zum Vorschein zu bringen. Das war erst möglich, als der Schüler nicht mehr der Diktatur des Egos unterworfen war und folglich die Meisterschaft über das Ego errungen hatte. Was früher nur einigen wenigen vorbehalten war, die von den Priestern und Priesterinnen dazu auserkoren waren, die Mysterienausbildung zu absolvieren, ist jetzt für jeden möglich, der bereit ist, sich zu entwickeln und von den Lektionen zu lernen, die das Leben selbst ihm vorlegt.

In den Mysterienschulen der vorchristlichen Zeit musste der Schüler auf die entscheidende Einweihung hinarbeiten, bei der er oder sie aus dem physischen Körper trat, um in der geistigen Welt mit dem göttlichen Geist in Verbindung zu kommen. Bei dieser Begegnung sollte jener Geist sein *Höheres Selbst* zum Leben erwecken. Der Austritt aus dem Körper war auf einer bestimmten Ebene auch eine Todeserfahrung der physische Körper war dabei wie tot. Die gesamte Ausbildung war auf diesen Austritt aus dem Körper, auf diese Todeserfahrung; sowie auf die Schulung ausgerichtet, die dafür nötig war. Bewegend und beeindruckend sind die – wenigen – Berichte und Andeutungen über diese tiefgreifende Erfahrung. Doch nachdem nun vor zweitausend Jahren der kosmische Geist der Liebe auf die Erde hinabgestiegen und in Jesus von Nazareth zu einer irdischen Kraft umgeformt worden ist, müssen wir nicht mehr aus unserem Körper heraustreten, um diesem Geist zu begegnen, der unser Höheres Selbst zum Leben erweckt. Nun brauchen wir 'nur noch' die Lektionen des Lebens ernst zu nehmen und daran zu wachsen, um dieselbe Erfahrung machen zu dürfen, die sich den Eingeweihten früher nur durch den Austritt aus dem Körper auftat – die Erfahrung, dass gerade eine Zeit der Krise uns gleichsam „durch den Tod mitten im Leben" hindurchführt und dabei der innere Geist (unser Höheres Selbst) zum Leben erweckt wird. Viele Menschen haben diese Erfahrung in ihrem Leben bereits machen dürfen und können dies bezeugen.

Gesegnet der Mensch, gesegnet der Engel

Zusammenfassend können wir sagen, dass unser Engel uns in der geistigen Welt – bevor das irdische Leben begann – äußerst sorgfältig auf unsere jetzige Inkarnation vorbereitet hat. Er hat uns die besonderen Lebensaufgaben aufgezeigt, die wir hier zu erfüllen haben: Die Lektionen von der Selbstständigkeit und von der Gleichberechtigung. Doch er zeigt uns auch, wozu diese besonderen Lektionen erforderlich sind – um den Weg nach innen zu gehen und auf diesem Weg mit jener verborgenen göttlichen Kraft in Kontakt zu kommen, die wir unser Höheres Selbst nennen. Wer diesen Weg nach innen geht, wird zu einem bestimmten Zeitpunkt seine Wiedergeburt erleben dürfen: Dann nämlich, wenn unser Höheres Selbst zum Leben erweckt wird und wir uns dieser göttlichen Kraft bewusst werden. Wenn das geschieht, werden wir erfahren dürfen, dass unser Ego uns nicht mehr im Griff hat, sondern dass wir beginnen, mehr und mehr auf der Ebene zu leben, die dem Höheren Selbst angehört – auf der Ebene der wahrhaftigen Liebe, des Vertrauens und der Hingabe.

~~~~~~

Gesegnet sei der Mensch, der diesen Weg geht.

Gesegnet sei der Engel, der seinen Schützling durch diese Wiedergeburt begleiten darf.

4.

Begegnung in der Nacht

Das Geschenk des Egos hat das große Vergessen zur Folge

Nach der sorgfältigen Vorbereitung auf unsere neue Inkarnation, die unser Engel uns hat zuteil werden lassen, steigen wir zur Erde hinab. In allen esoterischen Überlieferungen heißt es, dass auf diesem Weg der *Schleier des Vergessens* über uns zu fallen beginnt. Wir vergessen mehr und mehr, was wir wussten. Unsere Erinnerungen verblassen, und anstatt uns auf die Welt des Lichtes auszurichten, die hinter uns liegt, beginnen wir, uns auf die dunkle Welt auszurichten, die vor uns liegt. Unsere Aufmerksamkeit wird auf dieses neue Leben gezogen, das uns bevorsteht und mehr und mehr unsere volle Aufmerksamkeit in Beschlag nimmt.

Wie kam es eigentlich dazu? Warum haben wir alle so wichtigen Erinnerungen vergessen? Wie konnten diese so völlig aus unserem Gedächtnis hinweggefegt werden? Das wurde möglich, weil wir auf diesem Weg 'nach unten' allmählich mit einem Ego erfüllt wurden. In der geistigen Welt haben wir kein Ego – das brauchen wir dort nicht. Dort sind wir nur die göttliche Kraft

– der innere Christus, die Buddha-Natur oder der Geist – die wir in unserem tiefsten Inneren sind. Darum sind wir dort auch so glücklich. Doch um auf Erden leben zu können, muss diese göttliche Kraft, die wir in unserem tiefsten Inneren sind, nicht nur mit einem physischen Körper bekleidet werden, sondern wir brauchen auch ein Ego. Dank dieses Egos können wir hier auf Erden an den Erfahrungen wachsen, die wir machen, und uns dabei immer weiter entwickeln. Dank dieses Egos können wir die Lektionen der Selbstständigkeit und der Gleichberechtigung lernen. Dank dieses Egos können wir beispielsweise auch unsere eigenen Grenzen wahren. Dank dieses Egos können wir eigenwillige Wege gehen. Das Geschenk des Egos ist somit auch ein wichtiges Geschenk.

Mit unserem neuen physischen Körper verbanden wir uns damals, als wir in jenen kleinen Körper eintraten, der im Bauch unserer zukünftigen Mutter heranwuchs. Doch mit jenem Ego verbanden wir uns schon früher – auf unserem Weg zur Erde. Beim Abstieg merkten wir, dass wir immer tiefer in die Aura dieses Egos eintauchten. Doch wir bemerkten auch, je mehr wir uns mit jenem Ego verbanden, desto mehr verloren wir die Verbindung zu unserem inneren Wissen. Es schien ganz so, als würde sich jenes Ego immer mehr zwischen uns und unser inneres Wissen schieben und jenes Wissen auf diese Weise immer mehr vor uns verschließen. Dadurch vergaßen wir beinahe alles: Mit wem wir in der geistigen Welt tagtäglich verkehrten, wie absolut liebevoll das Licht dort war, wie glücklich wir dort lebten und welchen Beschäftigungen wir jeden Tag nachgingen.

Auch das innige Band mit unserem Engel wurde immer schmaler und schmaler. Es schien so, als ob wir ihn nicht mehr sahen, obwohl er uns auf seinen eigenen Händen nach unten trug. Stattdessen richteten wir unsere Aufmerksamkeit mehr und mehr auf unsere künftige Mutter und unseren künftigen Vater sowie auf alle anderen, die uns bei unserer Geburt auf Erden begrüßen würden. Wir sahen, wie wir erwartet wurden, meist mit großer Freude, ein andermal auch mit Widerwillen oder als notwendiges Übel. Wir sahen, was unsere Mutter und unser Vater dachten, was sie wollten und fühlten und welche Erwartungen und Sehnsüchte in ihren Herzen lebten. So begann die Erde unser Herz mehr und mehr zu erfüllen, und wir ließen die strahlende Welt des Lichtes allmählich hinter uns. Mit diesem Verlust der geistigen Welt verloren wir auch die lebendige Verbindung zu unserem Engel. Von jenem Moment an konnte unser Engel uns nur noch im Verborgenen Anleitungen geben, uns inspirieren und beistehen, unsere Lebenslektionen zu lernen.

Das Vergessen wird immer markanter

Manche von uns hatten während der ersten Jahre ihres Lebens vielleicht noch ein paar vage Erinnerungen an die Zeit vor ihrer Geburt. Doch je älter sie wurden, desto mehr verblassten auch diese letzten Erinnerungen. Es gibt Kinder, die in jungen Jahren noch etwas von dieser anderen Welt erzählen.[2] Manchmal sind dies ganz bewegende Aussagen, wie die drei, die ich zu Beginn dieses Buches zitiert habe. Doch als die Erwachsenen aus ihrem Umfeld eben jene Kinder Jahre später mit jene Aussagen konfrontierten, sagten die meisten von ihnen, dass sie sich an diese Aussagen nicht mehr erinnern konnten. So gründlich hatten sie diese vergessen. Während die Kinder heranwachsen, vergessen sie also sogar die letzten Erinnerungen, die sie als Kleinkind noch an die geistige Welt und an vorangegangene Inkarnationen hatten. Das hängt mit der Tatsache zusammen, dass sie während der ersten Jahre ihres irdischen Lebens immer tiefer in ihr Ego und in die Schwingung der Erde eintauchen. Je enger sie sich mit ihrem Ego verbinden, desto mehr vergessen sie. Das immer intensivere Eintauchen in das irdische Leben geschieht gleichsam schockartig. Wenn die Kinder um das siebte Lebensjahr herum ihre Milchzähne verlieren, ist das der Moment, in dem sie weiter und tiefer als zuvor in die Schwingung der Erde eintauchen. Laut der esoterischen Überlieferung heftet sich um das siebte Lebensjahr herum der Ätherleib eines Kindes – die erste geistige Hülle des physischen Körpers – an den physischen Körper an. Wenn dies geschieht, hat das automatisch zur Folge, dass das Kind sich auf das irdische Leben mehr als zuvor einstellt und den Kontakt zur geistigen Welt noch stärker verliert.

Dasselbe Geschehen wiederholt sich etwa sieben Jahre später, wenn die Pubertät durchbricht. Gemäß der esoterischen Überlieferung dockt in dieser Periode der Astralleib – die zweite geistige Hülle des physischen Körpers – an den physischen Körper an. Auch dies hat zur Folge, dass das Kind noch weiter in das irdische Leben hinabtaucht. Die Triebe und Sexualkräfte erwachen und stellen das Kind auf die Aufgabe ein, diese in das eigene Leben zu integrieren. Wieder verliert das Kind die Verbindung zur geistigen Welt noch mehr als zuvor.

Bei meiner Arbeit mit sterbenden Kindern habe ich etwas von diesem Prozess erfahren dürfen. Kleine Kinder, die im Begriff sind zu sterben, wissen noch, dass ihr bevorstehender Tod die Rückkehr in die geistige Welt bedeutet.[3] Daher fürchten sie sich meist auch nicht vor dem Tod. Ihre größte Angst ist also nicht der Tod, sondern die Tatsache, dass sie Papa und Mama so lange nicht mehr sehen werden. Doch je älter die Kinder werden, desto mehr verflüchtigt sich dieses innere Wissen und desto schwieriger wird es für das Kind, sich mit dem bevorstehenden Tod zu versöhnen. Bei Pubertierenden, die sich auf den Tod vorbereiten mussten, merkte ich, dass das frühere innere Wissen um die Rückkehr in die geistige Welt praktisch ganz verschwunden war.

Dadurch wurde es für sie besonders schwierig, sich mit dem bevorstehenden Tod abzufinden – sie hatten das kindliche Wissen verloren, verfügten jedoch auch noch nicht über die Fähigkeiten, die der Erwachsene sich im Laufe des Lebens aneignet oder – vielleicht besser ausgedrückt – aneignen sollte. Es gibt bzw. gab daher verständlicherweise in den Krankenhäusern verschiedene Versuche, eine spezielle Abteilung für schwer kranke Pubertierende einzurichten – sie passten nicht in die Kinderabteilung, aber ebenso wenig auf die Station für Erwachsene.

Eine nächtliche Begegnung

Es wird für unsere Schutzengel also immer schwieriger, uns während unseres Erdenlebens zu erreichen und anzuleiten. Wir sind allmählich ganz im irdischen Leben versunken und haben meist keinerlei Gefühl mehr für die geistige Welt bewahrt, von der wir kommen und in die wir nach unserem Tod auch wieder gehen. In unserer heutigen Zeit leugnen viele, dass es überhaupt so etwas wie eine geistige Welt geben könnte. Daher wollen sie meist auch nichts von einer möglichen Hilfe oder einem Beistand durch einen Engel wissen. In der Tat waren die Menschen nie zuvor so sehr von dieser stillen, wirksamen und liebevollen Hilfe aus der geistigen Welt, die immer für uns bereitsteht, abgeschnitten, wie in der heutigen Zeit.

Unser Engel versucht folglich auch, uns zu erreichen, vor allem nachts, um uns zu inspirieren und zu führen. Tagsüber freilich, wenn wir unser Leben im Tagesbewusstsein leben, sind wir nicht oder kaum erreichbar. Doch glücklicherweise bleibt für unseren Engel doch noch eine andere Möglichkeit offen, um uns bei unseren nächtlichen Ausflügen zu erreichen, uns zu inspirieren und zu leiten.

Jede Nacht nämlich, wenn wir schlafen, treten wir – laut der esoterischen Überlieferung – aus unserem Körper aus. Unser physischer Körper bleibt im Bett liegen, zusammen mit jener ersten geistigen Hülle, dem Ätherleib. Doch unser Ego und unser Höheres Selbst treten jede Nacht, eingehüllt in den Astralleib, in die geistige Welt ein. Es ist schade, dass unser Erinnerungsvermögen zum Ätherleib gehört und infolgedessen im Bett zurückbleibt. Daher können wir uns meist nur ganz wenig an unsere nächtlichen Erlebnisse erinnern. An das, woran wir uns dann noch erinnern, erinnern wir uns in Form eines Traumes. Leider sagen viele: „Träume sind Schäume", und räumen diesen somit keinerlei Bedeutung ein, während die Träume in der esoterischen Überlieferung als *Briefe aus dem Himmel* bezeichnet werden. Für diese Überlieferung sind die Träume folglich recht wichtig, und wir können darin Spuren unserer nächtlichen Erlebnisse wiederfinden. Eine Begegnung mit einem Verstorbenen im Traum entspricht somit meist auch einer wirklichen Begegnung in der geistigen Welt. Für unsere lieben Verstorbenen ist es ein wertvolles Geschenk, sich nachts im Traum mit uns verbinden zu können.

Wenn wir nachts freilich aus allerlei Gründen nicht vollkommen in die geistige Welt aufsteigen können und in den niederen Zonen der geistigen Welt hängen bleiben, bewahren unsere Träume die Erinnerung an das Chaos dieser niederen Welt in einer Fülle an chaotischen Bildern – und dieses Chaos spiegelt die Tatsache wider, dass wir innerlich viel zu verarbeiten haben. Doch wenn wir tatsächlich vollkommen emporsteigen können, stehen wir – mit irdischen Worten ausgedrückt – auf einmal nicht nur Auge in Auge mit unseren geliebten Verstorbenen, sondern auch mit unserem Engel. Bei dieser Begegnung ist es unserem Engel dann möglich, uns zu inspirieren und uns die so nötige Führung für unser Alltagsleben zu schenken.

Gut vorbereitet

Für die nächtliche Begegnung mit unserem Engel ist es ziemlich wichtig, in der richtigen Stimmung in die Nacht zu gehen und sich auf die Schwingung einzustellen, die unseren Engel umgibt und die dieser mit sich trägt. Er verbreitet wahre Liebe, Vertrauen und Hingabe. Es ist eine Schwingung der Leichtigkeit und der Transparenz. Es gibt keine besseren Worte als diese, um die *Aura* unseres Engels zu umschreiben.

Wenn wir uns voller Sorgen schlafen legen, den Kopf voller Fragen, wie wir beispielsweise die vielen Rechnungen, die noch auf dem Tisch liegen, bezahlen sollen, kommen wir nicht in die richtige Stimmung, um mit unserem Engel in Verbindung zu treten. Auch wenn wir mit Groll und voller Wut einschlafen, kommen wir nicht in der richtigen Schwingung mit unserem Engel in Kontakt. Dann sprechen wir die düstere Sprache der Erde. Unser Engel hingegen spricht die luftig-leichte Sprache des Himmels. Daher verstehen wir einander nicht, oder, um es bildlich auszudrücken, wir sprechen beispielsweise Chinesisch und unser Engel Arabisch – und folglich verstehen wir einander nicht. Doch wenn wir es lernen, beim Schlafengehen die Sorgen des Tages loszulassen und voller Dankbarkeit an die Liebe und Hilfe zu denken, die wir jeden Tag aufs Neue empfangen, dann sprechen unser Engel und wir bei unserer nächtlichen Begegnung dieselbe Sprache, und dann kann uns unser Engel folglich auch auf die richtige Weise instruieren und inspirieren.

Eine gute Vorbereitung auf die nächtliche Begegnung mit unserem Engel ist also ganz wesentlich; denn nur dann ist eine gute Verbindung möglich. Diese Vorbereitung besteht immer wieder daraus, dass wir unsere Sorgen, Ängste, Wut und Enttäuschung einfach loslassen und uns dankbar der liebevollen Fürsorge bewusst werden, die uns jederzeit zugetragen wird, auch wenn wir uns in einer schwierigen Situation befinden. Welchen Schmerz muss es unserem Engel bereiten, wenn er jede Nacht erleben muss, dass wir im Grunde für die Hilfe und Inspiration, die er uns geben will, nicht erreichbar sind, weil wir auch nachts nur die Sprache der Erde sprechen und nicht die Sprache des Himmels, die Sprache der Liebe! Wer sich der unverbrüchlichen Verbindung mit seinem Engel bewusst wird, wird sich damit auch bewusst, dass es von der Liebe zu unserem Engel zeugt, wenn wir uns vor dem Einschlafen so gut wie möglich auf die Begegnung mit ihm vorbereiten. Es bereitet ihm so viel Freude, wenn er tatsächlich unser Herz zu erreichen vermag. Es tut ihm auch gut zu sehen, wie wir mit neuen Erkenntnissen und Impulsen erwachen – und zwar genau mit jenen Impulsen und Erkenntnissen, die er uns nachts, in der Stille, in unser Herz gelegt hat.

Fortwährende geistige Weiterbildung

Nach den obigen Ausführungen dürfte es deutlich geworden sein, dass wir im Grunde ganz frei entscheiden können, ob wir uns innerlich für die Inspirationen durch unseren Engel öffnen oder nicht. Mehr denn je ist dies unsere freie Entscheidung. Wenn wir uns beim Einschlafen in die Sprache der Erde hüllen und uns nicht sorgfältig auf die Begegnung mit unserem Engel vorbereiten, werden seine Inspirationen uns nicht – oder in jedem Fall nur viel schwerer – erreichen können. Auch wenn wir uns der Trunksucht hingeben oder in andere Suchtmittel flüchten, wird es für unseren Engel schwer, diese Betäubung zu durchbrechen und uns zu erreichen. Nur der Weg der Liebe, des Vertrauens und der Hingabe bringt uns mit unserem Engel in Verbindung.

Natürlich leben wir nicht jeden Tag in dieser Stimmung, doch wir können ganz bewusst danach streben. Wir können es uns gewiss beim Einschlafen bewusst so einrichten, dass wir dann in jedem Fall unsere Sorgen, Ängste usw. loslassen und uns stattdessen innerlich mit Liebe und Dankbarkeit erfüllen, um für unseren Engel erreichbar zu werden. Doch dies ist stets unsere freie Entscheidung. Unser Engel respektiert diese Entscheidung und durchbricht aus Ehrfurcht vor dieser Entscheidungsfreiheit unseren Widerstand nicht.

Die meisten von uns vollziehen diese Entscheidung übrigens, ohne sich der Tatsache bewusst zu sein, dass ihre Lebenseinstellung direkten Einfluss auf ihre Beziehung zu ihrem Engel hat. Andere hingegen treffen diese Wahl bewusst. Manche derjenigen, die eine bewusste Wahl treffen, sagen ganz einfach, dass es Engel nicht gibt und halten daher eine Begegnung und Inspiration von Seiten unseres Engels in keiner Weise für möglich. Andere hingegen treffen diese Entscheidung, sich richtig mit ihrem Engel zu verbinden, ganz bewusst und bereiten sich so gut wie möglich darauf vor.

Doch bewusst oder unbewusst, die Entscheidung, die wir treffen, hat ganz direkten Einfluss auf unser Leben. Verschließen wir uns innerlich dem stillen Werk unseres Engels, werden wir, sowohl was unser Gewissen betrifft als auch was unsere Empfindsamkeit betrifft, merken, dass wir langsam abstumpfen und gefühlloser werden. Wir geraten folglich, meist unbemerkt, in eine Abwärtsspirale. Öffnen wir uns dagegen Abend für Abend bewusst dafür, dass unser Engel auf unser Herz einwirkt, werden wir merken, dass wir in eine Art andauernden Umwandlungsprozess geraten, der uns allmählich empfindsamer macht und unser Gewissen schärft. Dadurch werden wir aufmerksamer im Umgang mit anderen, bei den Versprechen, die wir geben, den Absprachen, die wir treffen, sowie bei den Worten, die wir spre-

~~~~~~~~~~~~~~~~~~~~~~~~~~~~~~~~~~

chen. Die nächtliche Unterweisung, die unser Engel uns schenkt,
bewirkt eine fortwährende geistige Weiterbildung.

5.

Die Sehnsucht nach Freiheit und echter Begegnung

Unser Engel steht im Dienste des Erzengels Michael

Der Erzengel Michael ist derjenige, der uns in dieser Zeit ganz besonders inspiriert.[4] Seine Inspirationen werden uns über unseren persönlichen Schutzengel übermittelt und in unser Herz gelegt. Unser persönlicher Engel und der Erzengel Michael stehen miteinander in direkter Verbindung. Man könnte in gewisser Weise sogar sagen, dass sie fließend ineinander übergehen. Es ist faszinierend, wenn man etwas Einblick in die Inspirationen bekommt, die uns auf diesem Weg unmerklich übermittelt werden. Sobald man Einblick erhält, erkennt man seine eigenen Reaktionen auf allerlei Situationen und versteht die Sehnsüchte, die immer wieder im Herzen aufsteigen, viel besser. Diese stammen in ganz vielen Fällen direkt von Michaels Inspiration! Aufgabe unseres persönlichen Schutzengels ist es nicht nur, diese Inspirationen in unser Herz zu legen, sondern sie auch so gründlich zu verankern, dass es sich für uns so anfühlt, als seien es unsere eigenen Sehnsüchte und Impulse, die in unserem Herzen aufsteigen.

Natürlich stehen die Impulse, die der große, Ehrfurcht einflö-
ßende Michael uns über unseren persönlichen Engel gibt, mit
den großen Lebenslektionen der heutigen Zeit in Zusammenhang – mit der Lektion der Selbstständigkeit und der Entwicklung eines Gefühls dafür, dass alle Menschen gleichberechtigt
sind. Was der Erzengel Michael mehr als alles andere bewirken
möchte, ist die Geburt des „Christus in uns". Wie bereits gesagt,
ist es unverzichtbar und eine notwendige Voraussetzung für
diese Geburt, Selbstständigkeit zu erwerben und nach Gleichberechtigung zu streben. Daher sind die völlig unterschiedlichen
Impulse, die der heilige Erzengel Michael uns gibt, orientiert auf
jenes schrittweise innere Wachstum hin zur Selbstständigkeit
und zum Erwachen eines tiefen Bewusstseins für die Achtung
aller Menschen ohne Ausnahme.

Eine tiefe Sehnsucht nach Freiheit

Der erste Impuls, den unser Engel nachts im Auftrag vom Erzengel Michael in unser Herz hineinlegt, ist ein tiefes Bedürfnis
nach Freiheit, das in verschiedenen Formen zu Tage tritt. Der
Hunger nach Freiheit wird im Alltagsleben auf vielerlei Weise
sichtbar: Beispielsweise in dem Wunsch, unseren eigenen Weg
gehen zu dürfen, was andere auch davon halten mögen; oder in
dem starken Impuls, aus allerhand Verhältnissen, die uns ein-
engen, auszubrechen; oder in der Sehnsucht, unsere eigenen Erkenntnisse suchen zu dürfen, ob diese nun in das Denkschema
anderer oder der Einrichtung, der wir angehören, passen oder
nicht. Er kann sich auch in der Abkehr von allen Situationen zeigen, in welchen Macht über uns ausgeübt wird und in welchen
wir nicht als Gleichberechtigte mitdenken und mitentscheiden
dürfen.

Alle diese Impulse und Gefühle klingen eigentlich so selbstverständlich. Doch das sind sie im Grunde gar nicht. Niemals zuvor in der Evolution der Menschheit wurden wir durch solche starken Freiheitsimpulse beeinflusst.

Die Folgen dieses heftigen Impulses werden in verschiedenen Bereichen sichtbar:

◊ Bei den vielen Ehescheidungen, die in unserer Zeit beinahe schon an der Tagesordnung sind. Viele dieser Scheidungen haben sehr stark mit jenem Impuls zu tun, uns aus einer Situation zu lösen, in der wir uns unfrei und eingeengt fühlen. Vielleicht ist eine Scheidung nicht immer der richtige Weg, um unsere – innere – Freiheit zu erlangen, vielleicht aber doch. Wie dem auch sei, bei den vielen Brüchen, die in unserer Zeit nicht nur in Ehen, sondern auch in Freundschaften und familiären Beziehungen vorkommen, spielt diese Sehnsucht nach Freiheit eine große Rolle.

◊ Immer mehr Menschen verlassen den Betrieb, für den sie arbeiten, und kündigen. Der Grund dafür ist, dass sie nicht mehr in hierarchischen Verhältnissen arbeiten möchten, in welchen andere ihnen befehlen, was sie zu tun und zu lassen haben. Sie wollen frei sein. Also kündigen sie, um eigenständig zu werden. Noch nie gab es so viele kleine selbstständige Unternehmen wie heute. Noch nie gab es so viele Menschen wie heute, die eine „Ich-AG" gegründet haben, bei der sie der/die einzige Arbeitnehmer/in sind.

◊ Die Kirchen werden immer leerer, obgleich Spiritualität immer mehr im Kommen ist. Es ist nicht mehr befremdlich oder auffällig – wie dies noch vor einiger Zeit der Fall war – über Gott zu sprechen, über das Absolute Sein oder wie man die göttliche Kraft auch nennen will. Es ist nicht mehr befremdlich, wenn man sagt, dass hinter dem sogenannten Zufall eine höhere Führung verborgen wirkt. Es gilt nicht mehr als verrückt, über das Leben jenseits des Todes zu sprechen. Doch trotz dieser neuen Offenheit für die geistige Welt und für geistige Einsichten bleiben die Kirchen leer. Der Grund dafür ist schlicht und einfach jenes tiefe Verlangen nach Freiheit. Dank dieses Impulses ertragen wir es nicht mehr, das glauben zu müssen, was andere uns als wahr verkaufen. Dank dieses Impulses ist es für uns wichtiger geworden, auf die Suche nach unserem eigenen inneren Wissen zu gehen, als auf Dogmen oder alles andere in dieser Richtung zu vertrauen. Das Verlangen nach Freiheit beinhaltet folglich auch den Wunsch, uns von Autoritäten zu befreien, auch wenn es sich um geistliche Autoritäten handelt.

◊ Viele politische Systeme knirschen, auch sogenannte demokratische Systeme, einfach aufgrund der Tatsache, dass die meisten Menschen das Gefühl haben, dass „die Politik" über sie beschließt, ohne dass sie eine ausreichende Möglichkeit erhalten, auf diese Beschlüsse Einfluss nehmen zu können. Einmal in vier Jahren wählen zu gehen, verleiht den meisten Menschen nicht das Gefühl, dass sie bei den wichtigen Beschlüssen, die in einem Land gefällt werden müssen und die sie oft persönlich betreffen, mitbeschließen können und dürfen.

◊ Die Kinder, die in der heutigen Zeit geboren werden, sagen schon in ganz jungen Jahren, viel öfter und viel schneller als Kinder zu früheren Zeiten: „Das kann ich schon selbst" oder „Das weiß ich schon alles" oder: „Das suche ich mir schon selbst aus!" Bei dieser Entwicklung können wir ebenfalls den Freiheitsimpuls ablesen, der vom Erzengel Michael ausgeht.

◊ Auch auf politischem Gebiet ist jene Sehnsucht nach Freiheit deutlich sichtbar geworden. Die früheren Ostblockländer – oder die frühere Sowjetunion und ihre einstigen Satellitenstaaten – haben sich ein für allemal befreit. Ostdeutschland wurde frei und vereinigte sich mit Westdeutschland, viele Kolonien wurden selbstständig und so weiter. Glauben wir nicht, dass damit alle Probleme beseitigt seien, ganz im Gegenteil: Freiheit muss auch verwirklicht werden. Genau das scheint für viele Länder und Völker noch ein ganzes Stück Arbeit zu sein. Das gilt beispielsweise auch für Südafrika, wo die schwarze Bevölkerung endlich, nach so vielen Jahren des menschenunwürdigen Apartheid-Systems, ihre Freiheit erhalten hat. Bei all diesen Entwicklungen können wir das verborgene Einwirken des Freiheitsimpulses von Michael erkennen. Auch an der Tatsache, dass allerhand islamistische Länder nun nach Anerkennung suchen und das Recht einfordern, eine eigene Staatsform zu wählen, was der Westen davon auch halten mag, können wir wieder den gleichen Impuls ablesen.

Wir sehen folglich, wie diese Sehnsucht nach Freiheit in vielen Bereichen zum Ausdruck kommt. Man könnte sagen: Wir Menschen suchen wirklich auf allen möglichen Gebieten den Freiraum und die Freiheit, die wir benötigen, um den Weg nach innen gehen zu können. Ohne diese Freiheit ist der Weg nach innen nicht möglich.

Die Gefahren des Freiheitsimpulses

Die Phase, durch die uns der Erzengel Michael mit seinen Freiheitsimpulsen hindurchführt, ist aber auch eine gefährliche Phase; denn diese zunehmende Freiheit, das Loskommen von vorgeschriebenen Normen und Werten sowie die Befreiung von allerhand bevormundenden Instanzen schaffen einen Freiraum und eine Freiheit, die leicht missbraucht werden können. Wurde früher unser Egoismus durch allerlei zwanghafte Normen und Vorschriften, die die Kirche und ihre Geistlichen uns vorgeschrieben haben, mehr in Zaum gehalten, so fällt gegenwärtig dieser äußere Schutzschirm vor ungezügeltem Egoismus immer mehr weg. Alle möglichen Vereinigungen und Organisationen, in welchen die Menschen früher Mitglied waren, sorgten in den vergangenen Jahrzehnten dafür, dass die Menschen nicht allzu sehr über die Stränge schlugen. In kleinen Gemeinschaften, wie Dörfern und Gemeinden, lebte in vergangenen Zeiten noch ein Zusammengehörigkeitsgefühl, das eine korrigierende und erzieherische Wirkung auf die Menschen ausübte.

Heute, wo dies praktisch alles weggefallen ist, ist auch die korrigierende Wirkung von außen weggefallen, die auf unterschiedliche Art und Weise das Verhalten der Menschen innerhalb bestimmter Grenzen hielt. Dadurch sehen wir, wie in der heutigen Zeit auf vielen Gebieten die unterschiedlichsten moralischen Entgleisungen vorkommen. Wachsende Aggression, das zunehmende „Koma-Saufen" und das Verteufeln andersartiger Bevölkerungsgruppen sind nur einige der Beispiele dafür. Auch die schwindelerregenden Gehälter, die Top-Manager in der Wirtschaft verdienen und die viele begreiflicherweise für unsozial halten, zeigen, was passieren kann, wenn die Instanzen wegfallen, die eine korrigierende Wirkung von außen ausüben. Nur wenn Manager selbst zu der Einsicht kommen, dass ihre Gehaltsforderungen unsozial und egoistisch sind, ist eine Kehrtwendung zum Guten hin möglich.

Das ist eine wichtige Feststellung; denn der Schutzschild gegen die ungezügelten Forderungen, die das Ego stellt – ein Schutzschild, der früher von außen kam – wird nun von innen her kommen müssen.

Auch in sich selbst wird jeder, der sich selbstkritisch betrachtet, wahrnehmen können, wie immer wieder verschiedenste egoistische Verlangen aufsteigen, die nur unter Einsatz großer Selbstdisziplin in Zaum gehalten werden können. Fehlt dieser Einsatz und leben sich die Menschen in allem aus, was ihr Ego ihnen vorgibt, so können die größtmöglichen Entgleisungen eintreten, die nicht nur den Einzelnen, sondern eine ganze Gemeinschaft bedrohen und zugrunde richten können.

Wir hören Politiker heutzutage die Bedeutung von Normen und Werten betonen. Doch meist ist bei solchen Aufrufen keine Einsicht in die Tatsache gegeben, dass diese Normen und Werte, die früher von außen, beispielsweise von Seiten der Kirche, kamen, zukünftig nun von innen kommen müssen. Jeder Mensch wird in der heutigen Zeit lernen müssen, sich selbst zu erziehen und bewusst auf die Suche nach den eigenen Normen und Werten zu gehen. Eine Schulung des Gewissens und des Einfühlungsvermögens ist dabei von Jugend an erforderlich. Wo Jugendliche abstumpfen und nicht gelernt haben, sich in andere hineinzuversetzen, werden wir auch keine innere Hemmung erkennen, die ihren Egoismus zügelt. Erziehung und Unterweisungen werden zu dieser geistigen Schulung der Jugend einen wichtigen Beitrag leisten müssen. Mehr noch als die Schulung des Intellekts wird die Unterweisung in der heutigen Zeit vielmehr eine Schulung der Moral und eine Förderung des Einfühlungsvermögens beinhalten müssen. Nur dann wird es möglich werden, unsozialem, egoistischem und amoralischem Verhalten vorzubeugen bzw. dieses zu überwinden.

Die Sehnsucht nach echter Begegnung

Der zweite starke Impuls, den der Erzengel Michael jede Nacht über unseren persönlichen Schutzengel in unser Herz hineinlegt – wenn wir zumindest innerlich für die Inspiration durch unseren Engel offen sind – ist der starke Wunsch nach einer Begegnung von Herz zu Herz oder das Verlangen nach echter Begegnung, die nicht in Höflichkeitsfloskeln stecken bleibt. Viele Menschen kennen das starke Bedürfnis, gesehen zu werden – damit meinen sie die Erfahrung, dass bei einer Begegnung mit einem anderen Menschen ihre Sehnsüchte, ihre Verletzlichkeit und ihre innere Schönheit gesehen und respektiert werden. Sie möchten gern in ihrem tiefsten, ihrem eigentlichen Wesenskern gesehen werden. Sie tun sich schwer, wenn Menschen mit der oberflächlichen Außenseite vorliebnehmen. Freundschaften und Beziehungen müssen für sie folglich auch diese weitergehende Verbindung beinhalten, wobei beide bereit und imstande sind, das tiefere Wesen des anderen zu ergründen. Das bedeutet, dass sie sowohl von sich selbst als auch vom anderen verlangen, zu lernen, hinter die äußere Fassade zu schauen.

Dieses Verlangen nach echter Begegnung ist an sich schon ein besonderer Impuls; denn was ergründen wir eigentlich, wenn wir lernen, tiefer zu blicken, hinter die Außenfassade des anderen? Wer richtig hinschaut und dabei sein Einfühlungsvermögen einsetzt, wird etwas von dem Höheren Selbst erhaschen, das hinter dem Ego verborgen liegt. Dieses kommt mit den höheren, wesentlichen Kräften des anderen in Verbindung und bleibt nicht im falschen Schein des Egos stecken. Wenn wir nur das Ego des anderen sehen, ruft das meist verschiedenste Vorurteile in uns wach: „Der andere ist arrogant“, sagen wir dann. Oder wir finden, dass er doch in einem arg beschränkten kleinen Kreis lebt, zu zurückhaltend oder egozentrisch ist bzw. vieles fordert. Doch wenn wir mit dem Höheren Selbst im anderen in Kontakt kommen – das wir auch als „die Ausstrahlung des Göttlichen im anderen“ bezeichnen könnten – tritt die eigentliche Schönheit unseres Gegenübers für uns langsam zu Tage. Dann bekommen wir auch für seine wahre Liebeskraft, für seine Empfindsamkeit, für die Weise, wie er an den Lektionen des Lebens gewachsen ist, und folglich für seine tiefere Weisheit, einen Blick. Wenn wir mit diesen Augen schauen, werden wir oft vom anderen berührt, und es können uns angesichts dessen, was wir von ihm erblicken dürfen, förmlich die Tränen in die Augen steigen.

Eine neue Fähigkeit

In unserer Zeit beginnt sich eine neue Fähigkeit zu zeigen: Die Möglichkeit, einen Blick hinter die äußere Fassade des anderen zu werfen und auf diese Weise mit dem Höheren Selbst des anderen in Kontakt zu treten. Dies ist auch eine Fähigkeit, die uns zu besonderen Taten befähigt, nämlich dazu, das Höhere Selbst des anderen zum Leben zu erwecken. Liebe, Aufmerksamkeit und Zärtlichkeit sind die Kräfte, durch die jeder Mensch aufblüht. Gehen wir jedoch mit Liebe, Zärtlichkeit und Aufmerksamkeit auf das verborgene Höhere Selbst des anderen zu, so wird dies dem anderen zugleich auch helfen, sich dieser eigenen inneren Kraft bewusst zu werden. Je mehr jemand sich dieser Kraft bewusst wird, desto stärker wird diese in ihm lebendig. Einander wirklich zu sehen bedeutet folglich, dass wir dem Höheren Selbst im anderen zur Geburt verhelfen.

In diesem Zusammenhang sollten wir uns auch vor Augen halten, dass der Erzengel Michael den besonderen Auftrag hat, der Menschheit zu helfen, sich dieses göttlichen Kerns, dieses Höheren Selbst, bewusst zu werden. Daher also, um diesen Auftrag zu erfüllen, schenkt er uns die Sehnsucht, richtig *gesehen* zu werden, sowie die Fähigkeit, den hinter der äußeren Schale des anderen verborgenen Kern aufzuspüren.

Wie gehe ich damit um

In Anbetracht des oben Gesagten ist es wichtig, uns selbst für diese neuen Fähigkeiten zu öffnen. Es ist wichtig zu lernen, den anderen nicht leichtfertig oder oberflächlich, sondern eben mit einem tieferen Blick zu betrachten – und das auch noch mit dem Herzen. Aus diesem letzten Grund ist es außerdem auch ganz wichtig zu lernen, dem anderen gegenüber liebevoll zu äußern, was wir mit unserem tieferen Einfühlungsvermögen, unserer Intuition und unserer geistigen Sichtweise aufspüren. Wenn wir dem anderen gegenüber rein aus einer analytischen und intellektuellen Wahrnehmung heraus aussprechen, was wir von seinem tieferen Wesen gesehen und über unser Gefühl wahrgenommen haben, wird das sicherlich nicht heilsam und motivierend wirken. Ganz im Gegenteil, der andere fühlt sich eher ertappt und durchschaut, als seien wir ein Psychoanalytiker, fühlt sich aber bestimmt nicht in Liebe verstanden und erkannt.

Folglich geht es darum, dass wir lernen, diese neue Fähigkeit in einer Schwingung der Liebe und mit dem Gefühl, von der Schönheit des anderen berührt zu werden, einzusetzen. Es geht um zwei zusammenhängende Schritte. Zuerst werden wir diese neue Fähigkeit, die der Erzengel Michael uns schenkt – nämlich zu lernen, hinter die äußere Schale zu blicken – in uns selbst entwickeln müssen. Was Michael uns schenkt, ist nämlich nicht eine fix und fertige neue Fähigkeit. Es ist die Anlage zu einer Fähigkeit, die durch uns selbst verwirklicht und weiterentwickelt werden muss. Gelingt uns dies, dann folgt der zweite Schritt. Dieser beinhaltet, dass wir lernen, diese neue Fähigkeit, erfüllt von absolutem Respekt, unbefangener Liebe und einer verletzbaren Zärtlichkeit, einzusetzen.

Es wagen, verletzbar zu sein

Eine notwendige Voraussetzung für dieses Geschenk des Erzengels Michael ist die Bereitschaft, uns dem anderen in all unserer Verletzlichkeit zu zeigen. Das bedeutet, dass wir lernen müssen, die vielen Mauern, die wir zum Selbstschutz um uns herum aufgebaut haben, niederzureißen. Wer sich einkapselt und Angst hat, sich wirklich zu zeigen, macht es dem anderen unmöglich, sein tieferes Wesen zu ergründen. Er macht es dem anderen unmöglich, zu lernen, hinter die äußere Fassade zu blicken. Folglich ist ein gewisses Maß an Selbstvertrauen erforderlich, das es uns ermöglicht, uns ohne Angst vor dem anderen zu zeigen.

Doch wer begreift, was der Erzengel Michael beabsichtigt, und einsieht, warum dies alles in der heutigen Zeit geschehen muss, nämlich um die Geburt unseres Höheren Selbst zu ermöglichen, der wird bereit sein, auch wirklich alle inneren Kräfte zu mobilisieren, um sich selbst von diesen Mauern zu befreien.

*W*age es, in aller Verletzbarkeit du selbst zu sein.
Wage es, dich selbst so zu zeigen, wie du bist.

Nur dann wird der andere entdecken, wer du wirklich bist.
Nur dann wird dieser andere entdecken,
Dass du nicht allein deine Ängste und Sorgen bist,
Sondern, dass du so viel mehr bist,
Als alle diese düsteren Gefühle von Kummer und Ohnmacht.

Er soll deinen tiefsten Kern entdecken,
Den Quell von Frieden und Vertrauen,
Der im Verborgenen lebt und in deiner Seele sprudelt.

Je mehr Menschen diese stille Kraft in dir entdecken
Und dich darin bestärken,
Desto mehr lernst du, den Weg zu finden
Zu diesem stillen Quell des Friedens in dir selbst –
Und desto mehr wirst du auch im Alltagsleben lernen,
Aus diesem Quell zu schöpfen.

So wachsen wir aneinander.

6.

Über unser Bedürfnis nach Antworten

Auf der Suche

Es gibt noch mehr Impulse, die unser Engel nachts auf Anregung vom Erzengel Michael in unser Herz hineinlegt. So empfangen wir jede Nacht den Impuls, auf die Suche nach unseren eigenen Antworten auf die großen Fragen von Leben und Tod zu gehen. Was ist der Tod eigentlich? Gibt es jenseits des Todes noch Leben? Und wenn es dort Leben gibt, wie sieht denn das Leben im Jenseits aus? Auch die Frage, welchen Weg unsere geliebten Verstorbenen jenseits des Todes gehen, legt uns unser Engel als Impuls in unser Herz hinein. Neben diesen Fragen zum Tod legt uns unser Engel auch die großen Fragen zum Leben in unser Herz hinein. Was ist der Sinn des Lebens, und was ist der Sinn meines Lebens? Waren wir früher schon einmal hier auf Erden und kommen wir später, nach unserem Tod, noch einmal zurück?

Glauben Sie nicht, dass wir am nächsten Morgen, beim Aufstehen, sofort denken: „Nun muss ich doch einmal eine Antwort auf die großen Fragen von Leben und Tod haben." So wirkt dieser Impuls nicht. Es handelt sich vielmehr um eine Saat, die in unser Herz gelegt wird und dann langsam zu keimen beginnt; aber nur dann, wenn wir dem, was in unserem Herzen vor sich geht, Aufmerksamkeit schenken und nicht nur auf die Herausforderungen des Erdenlebens ausgerichtet sind. Die Engel respektieren unsere Freiheit. Daher legen sie ihre Inspirationen wie eine Saat in unser Herz hinein und nicht – was sie an sich ganz gut können dürften – als Impuls, der so stark ist, dass wir unbedingt darauf hören müssen.

Meist keimt dieser Impuls unseres Schutzengels in den großen Verwandlungsphasen unseres Lebens auf, beispielsweise in der Menopause oder in einer Midlife-Crisis. Es kommt auch regelmäßig vor, dass diese Fragen in unserem Inneren lebendig werden, wenn wir mit schmerzhaften und schwer zu verarbeitenden Erfahrungen konfrontiert werden, etwa wenn wir einen geliebten Menschen an den Tod verlieren. Dann werden diese Fragen nämlich auf einmal ganz konkret und ganz persönlich. Wo ist unser geliebter Mensch jetzt? Ist weiterhin Kontakt mit unserem geliebten Verstorbenen möglich, und werden wir einander noch einmal wiedersehen?

Wenn wir einen lieben Menschen ans Leben verlieren, steigen andere, ähnliche Gedanken auf. Warum muss uns dies passieren? Hat dieser Kummer einen Sinn oder ist alles, was geschieht, nur Zufall, einfach nur sinnlos? Je schmerzlicher der Kummer, desto stärker drängen diese Fragen in unserem Herzen nach oben, und desto mehr ersehnen wir eine Antwort, eine Erkenntnis.

Wenn wir uns auf die Suche nach Antworten machen, zeigt es sich praktisch immer wieder, dass wir in der heutigen Zeit nicht viel von den Antworten haben, die von anderen kommen. Wir merken dann, dass diese Antworten uns nichts bringen, uns nicht berühren und uns nicht die Erkenntnis schenken, nach der wir uns sehnen. Wer immer uns diese Antworten auch anbietet – wir merken, dass wir nur dann etwas davon haben, wenn unser Herz darauf reagiert und etwas von dem darin erkennt, was bereits in unserem eigenen Herzen lebt. Nur dann können die Aussagen oder Antworten von anderen Menschen uns ein wenig helfen, unsere persönlichen Fragen zu ergründen. Denn genau um diese persönlichen Antworten geht es – um das, was in unserem Herzen als sicheres Wissen nach oben drängt. Nur diese Antworten überzeugen uns. Nur das sind Antworten, die uns befähigen, im Frieden und voller Vertrauen zu leben und zu sterben.

Unsere Antworten ergänzen sich gegenseitig

Wir werden feststellen, dass es die Wahrheit an sich nicht gibt. Es ist bei uns Menschen so, dass jeder nur aus seiner eigenen Sichtweise ein Stück Antwort auf die großen Lebensfragen annimmt. Weil die Antworten, die wir aus eigener Kraft finden, aus unserem persönlichen Blickwinkel stammen, sind sie eine Ergänzung zu den Antworten, die andere aus ihrem Blickwinkel heraus gefunden haben. Die Antworten, die jeder von uns persönlich findet, schließen einander nicht aus, sondern ergänzen einander. In unserer heutigen Zeit ist es wichtig zu lernen, dass wir unsere Antworten einander nicht aufzwingen und ebenso wenig diesbezüglich die absolute Wahrheit für uns beanspruchen dürfen. Ziel ist es zu lernen, die Antworten gegenseitig zu respektieren und gleichzeitig zu lernen, unserer eigenen Antwort treu zu bleiben.

Es hat mich bei meiner Arbeit immer wieder getroffen, dass sich ganz viele Menschen nach dem Verlust eines geliebten Menschen wie Getriebene auf die Suche nach Antworten aufmachten und diese auch fanden. Erst nachdem sie diese Antworten gefunden hatten, konnten sie auf eine neue, andere Weise mit ihrem Leben weitermachen, auch wenn dieses Leben von da an immer im Zeichen von Mangel und Kummer stand. Besonders in den düsteren Abschnitten unseres Lebens bringt uns unser Engel – dank der Inspiration vom Erzengel Michael – dazu, den Weg nach innen zu gehen, um auf diese Weise unsere eigenen, ganz persönlichen Antworten zu finden. Wenn wir uns dann nach innen wenden, erfüllen wir die Aufgaben, die der Erzengel Michael uns stellt. Denn er hat, wie wir bereits feststellten, folgendes Ziel: Er will uns dazu bringen, den Weg nach innen zu gehen.

Eine neue Sensibilität für die geistige Welt

Um die gesuchten Antworten finden zu können, durchflutet uns unser Engel jede Nacht mit einer bestimmten Energie, die uns für die geistige Welt empfänglich macht. Im vergangenen Zeitalter ist vor allem dem westlichen Menschen die Verbindung mit dieser Welt abhanden gekommen, weil das – beschränkte – Denken mit dem Kopf mehr und mehr die führende Kraft im Leben geworden ist. Nun akzeptiert das Denken leider keine Welten, deren Existenz nicht beweisbar ist. Daher wurden in vergangenen Zeiten allerhand geistige Realitäten als Märchen oder Fantasterei abgetan. Das Denken begriff ja nicht, dass alte Bilder – wie Himmel und Hölle – auf eine bestimmte geistige Realität hinwiesen. Es begriff ebenso wenig, dass auch Engel und Dämonen eine geistige Wirklichkeit bilden, zu welcher der Verstand noch keinen Zugang hat. Infolge dieser Entwicklung hat sich der Mensch immer mehr in die mit den Sinnen wahrnehmbare Welt oder die sogenannte irdische Wirklichkeit eingeschlossen. Das ist im Grunde eine tragische Entwicklung. Wir haben uns sozusagen von der Welt entfremdet, zu der wir unserem tiefsten Wesen nach gehören, von der wir kommen und in die wir nach unserem Tod wieder zurückkehren.

Um diese Entwicklung umzukehren, wurden die Menschen, die in der heutigen Zeit in der geistigen Welt auf eine neue Inkarnation auf Erden vorbereitet wurden, dort schon für die Realität einer Welt sensibilisiert, die sich zwar mit dem Verstand nicht erfassen lässt, zu der jedoch das Herz durchaus Zugang hat. Sobald sie in einem neuen irdischen Körper auf Erden geboren sind, werden sie jede Nacht mit einer besonderen Energie durchflutet, die sie innerlich für die geistige Welt empfänglich macht. Daher gibt es in unserer heutigen Zeit immer mehr Menschen, für die es selbstverständlich (geworden) ist, dass neben der sichtbaren auch eine unsichtbare, geistige Welt existiert. Daher gibt es auch immer mehr Menschen, für die es selbstverständlich ist, dass wir vor unserer Geburt in der geistigen Welt gelebt haben und nach unserem Tod wieder in diese Welt zurückkehren.

Die Tatsache, dass in unserer heutigen Zeit die spirituelle Bewusstwerdung – nicht nur in der westlichen Welt, sondern in der ganzen Welt – einen solchen Höhenflug nimmt, hängt außerdem sowohl mit der Art und Weise zusammen, wie wir auf unsere neue Inkarnation vorbereitet werden, als auch mit den Impulsen, die jede Nacht im Schlaf in unser Herz hineingelegt werden.

Dank dieser Impulse sind wir nun imstande, *mit unserem Herzen* Antworten auf die großen Fragen von Leben und Tod zu finden – Antworten, zu welchen der Verstand keinen Zugang hat. Dank dieser Impulse können wir folglich auch Antworten finden, die uns in unserem Inneren wirklich etwas bringen und sagen – unsere eigenen Antworten.

Das Gleichgewicht zwischen
der Erde und der geistigen Welt

Heute, da wir uns immer mehr der Tatsache bewusst werden, dass wir Bürger zweier Welten sind – Bürger der Erde und der geistigen Welt – wirft das allerhand Fragen auf. Daher ist es verständlich, dass unser Engel nachts noch eine weitere Sehnsucht in unser Herz hineinlegt – die Sehnsucht zu lernen, den Zusammenhang zwischen dieser Welt (der Erde) und der geistigen Welt zu verstehen. Wenn wir Bürger zweier Welten sind – wie verhalten sich diese Welten dann zueinander, und wie finden wir das richtige Verhältnis zu diesen beiden Welten? Es ist nämlich gar nicht so leicht, zwischen diesen beiden Welten das richtige Gleichgewicht zu finden – und zu bewahren. Orientiert man sich allein an der irdischen Wirklichkeit und vergisst die geistige Realität, wird man wahrscheinlich zum ausgesprochenen Materialisten. Man läuft Gefahr, eine Lebenshaltung einzunehmen, die nur auf sich selbst ausgerichtet ist und bei der man aus dem Leben so viel wie möglich herausholen will. Man glaubt ja, nur ein Leben zu haben, und denkt, dass mit dem Tod alles zu Ende ist. Folglich ist es logisch, dass man dann seine ganze Aufmerksamkeit auf dieses eine irdische Leben richtet und herausholen möchte, was herauszuholen ist.

Richtet man jedoch sein Augenmerk ganz auf die geistige Welt und vergisst mehr oder weniger, dass man auf Erden lebt, wird man vielleicht zu einem passiven Menschen, der alles einfach geschehen lässt, der nur auf die geistige Welt ausgerichtet ist und das Irdische von geringem Wert erachtet. Von solchen Menschen sagen wir, dass sie *schweben* – irgendwie sind sie nicht geerdet. Das soll heißen: Sie stehen nicht mit beiden Beinen auf dem Boden. Diese Menschen gehen wichtigen Entscheidungen meist aus dem Weg, weil es ihnen dazu an irdischer Kraft mangelt. Sie sind nicht imstande, mit Konflikten auf sinnvolle Weise umzugehen, denn auch dafür mangelt es ihnen an Kraft. Einseitigkeit führt folglich fast immer zu einer geistigen Schieflage.

Es geht darum, dass wir ganz auf die Erde hinabsteigen, ganz ein Mensch der Erde werden und dann unsere inneren Augen für die geistige Wirklichkeit öffnen. Nur so kann so etwas wie ein Gleichgewicht zwischen diesen beiden Welten entstehen. Wer einen Blick für das Wachstum und die Entwicklung des Menschen bekommt, der sieht, dass unsere Entwicklung als Mensch auch so verläuft.

Zunächst lautet die Aufgabe des Kindes, sich zu erden. Zuerst muss der Mensch sich eine eigene Position auf Erden erwerben, eine Ausbildung durchlaufen, Karriere machen, ein Haus kaufen und ausreichend Gehalt bekommen, um den Kindern eine gute Bildung angedeihen lassen zu können. Erst wenn alle diese – zur Erde hin orientierten – Aufgaben erfüllt sind, steigen mehr geistige Fragen auf, und die geistige Welt fordert immer mehr Aufmerksamkeit. Häufig sehen wir, dass gerade die Midlife-Crisis oder die Menopause die Zeit sind, in der ein zunehmendes Interesse an der geistigen Welt in uns entsteht. Wenn wir dem richtigen Entwicklungsweg folgen, entwickeln wir von diesem Zeitpunkt an immer mehr inneres Interesse an der geistigen Welt und an der Frage, was diese Welt von uns will. In jedem Lebensabschnitt ist folglich unser Blickwinkel auf diese beiden Welten ein anderer. Ab der Pubertät steht die Erde mehr im Zentrum unserer Aufmerksamkeit, doch ab der Midlife-Crisis/Menopause rückt die geistige Welt immer mehr in den Mittelpunkt unseres Interesses.

Der Weg der goldenen Mitte

In diesem Zusammenhang ist es verständlich, dass ich jungen Menschen manchmal den Ratschlag gebe, sich weniger mit geistigen Fragen zu beschäftigen, sondern mehr auf die irdischen Aufgaben zu konzentrieren, während ich umgekehrt älteren Menschen schon einmal empfehle, sich mehr mit geistigen Fragen zu befassen und dem zuzuwenden, was in ihrem Inneren lebt und sich bewegt.

Wir stellen folglich fest, dass es darum geht, die goldene Mitte zwischen „Aufmerksamkeit für die Erde" und „Interesse an der geistigen Welt" zu finden. Doch der Anteil der Aufmerksamkeit für diese beiden Welten ist freilich in jedem Abschnitt ein anderer.

Übrigens ist genau jenes Finden der goldenen Mitte gemäß der esoterischen Überlieferung eine essenzielle Lebensaufgabe des Menschen. Es ist bestimmt deutlich geworden, dass unser persönlicher Engel beständig versucht, uns zu inspirieren, damit wir lernen, auch wirklich – entsprechend der jeweiligen Phase in unserem Leben, in der wir uns gerade befinden – jenen goldenen Mittelweg zu finden. Sind wir, insbesondere im späteren Lebensalter, zu irdisch, so wird unser Engel versuchen, unsere Aufmerksamkeit auf geistige Werte zu richten. Wer etwas von der Sprache der Träume versteht, wird an seinen Träumen ablesen können, wie unser Engel das zu bewerkstelligen versucht. Sind wir jedoch, besonders in jüngeren Jahren, zu stark und vor allem zu einseitig auf die geistige Welt ausgerichtet, wird unser Engel versuchen, unsere Aufmerksamkeit etwas mehr auf das irdische Leben und alles zu richten, was die Erde uns zu bieten hat.

Die goldene Mitte: Wir begegnen ihr in unserem Leben andauernd, sobald wir einen Blick für die große Bedeutung dieser Le-

benshaltung bekommen haben. Dann entdecken wir beispielsweise, dass es um die goldene Mitte zwischen unserer Verletzlichkeit und unserer Kraft geht; oder zwischen unserer Weiblichkeit
und unserer Männlichkeit – jeder Mensch ist ja beides, sowohl
männlich als auch weiblich! Dann werden wir uns bewusst auf
die Suche nach der goldenen Mitte zwischen Zügellosigkeit und
Disziplin begeben, zwischen Sparsamkeit und der Einstellung:
„Was kostet mich die Welt", zwischen Verschlossenheit und Offenheit, zwischen Selbstliebe und Nächstenliebe.

Gerade die Tatsache, dass wir uns in der heutigen Zeit dieser
beiden Welten wieder bewusst werden – der irdischen und der
geistigen Welt – sorgt dafür, dass wir uns dessen bewusst werden, dass wir eigentlich in allem die goldenen Mitte zwischen
zwei Extremen suchen müssen. Die esoterische Überlieferung
hat diese Einsicht schon immer gehabt und bewahrt. Sie wusste
darum, dass in der Bibel von zwei dunklen Mächten die Rede
ist – vom *Teufel* und vom *Satan*. Sie wusste auch von dem bewegenden Bild von Golgatha, wo Jesus Christus zwischen zwei
Missetätern am Kreuz hängt. Das Bild von Jesus in der Mitte.
Das ist das Sinnbild für den Weg der Mitte, den wir in diesem
Leben immer wieder suchen müssen. Das Spannende daran ist,
dass wir in unserer heutigen Zeit feststellen, wie diese Erkenntnis – die über Jahrhunderte hinweg geheimgehalten worden ist –
jetzt allmählich immer mehr in das öffentliche Leben eindringt.

Das Geheimnis von Jesus, der zum Christus wurde

Je mehr wir beginnen, innerlich Fragen zu stellen und auf die
Suche nach unseren eigenen Antworten zu gehen, desto emp-
fänglicher werden wir für ein großes kosmisches Geheimnis.

Ich erwähnte im zweiten Kapitel, dass manche Menschen, die in ihrer geistigen Entwicklung entsprechend gereift sind, vor ihrer Geburt in der geistigen Welt etwas ganz Besonderes hatten sehen dürfen. Sie hatten den Abstieg des kosmischen Geistes der Liebe auf die Erde, der nun zweitausend Jahre zurückliegt, schauen dürfen. Gemeinsam mit den Engeln hatten sie voller Verwunderung auf dieses unvorstellbar große Ereignis geblickt. So hatten sie ein kosmisches Ereignis sehen dürfen, das die allermeisten Menschen auf Erden in jener Zeit nicht einmal hatten wahrnehmen können, weil dieses Ereignis nur für diejenigen zu sehen war, die imstande waren, mit ihrem geistigen Auge zu sehen. Sie hatten sehen dürfen, wie dieser Geist der Liebe – der in den verschiedenen Religionen auch als *Sonnengeist* oder einfach als *der Geist*, als *Logos* oder das *Wort Christi* bezeichnet wird – sich selbst bei der Taufe im Jordan in den Menschen Jesus von Nazareth ausgoss. Sie hatten sehen dürfen, wie dieser Geist im Körper und in der Seele Jesu zu einer irdischen Kraft umgeformt wurde. Sie hatten sehen dürfen, wie dieser Geist beim Tode Jesu am Kreuz als eine irdische Kraft geboren wurde, die jetzt die Menschen auf Erden inspirieren und ihnen ihren göttlichen Kern bewusst machen kann.

Natürlich hatten die Menschen, die dieses Geheimnis in der geistigen Welt hatten sehen dürfen, dies bei ihrem Abstieg zur Erde vollkommen vergessen. Dabei kam ja das große Vergessen auf sie herab, wodurch die Erinnerung an jenes kosmische Geheimnis aus ihrer bewussten Erinnerung hinweggefegt wurde. Doch je mehr diese Menschen später, bei der Suche nach ihren persönlichen Antworten auf die großen Fragen des Lebens, mit ihrer eigenen inneren Wissensquelle in Kontakt kommen, desto mehr steigt ein sicheres Gespür für das Christus-Geheimnis in ihnen auf. Das allmählich wachsende Gespür reift bei manchen langsam zu einem richtigen Einblick in dieses kosmische

Geheimnis. Mich bewegt es immer wieder, wenn Menschen mir nach einem Vortrag über dieses kosmische Geheimnis erzählen: „Eigentlich wusste ich das, was Sie erzählt haben, alles schon. Irgendwie wusste ich es in meinem Inneren bereits, nur hatte ich dafür noch keine Worte gefunden. Und die haben Sie mir heute Abend geschenkt." In solchen spontanen Äußerungen erkenne ich die oben dargelegte Entwicklung wieder: In unserer heutigen Zeit wird in immer mehr Menschen dieses gefühlte Wissen um das kosmische Geheimnis des Absteigens des Sonnengeistes als inneres Wissen geboren.

Auf der Suche nach dem Zusammenhang zwischen der irdischen und der geistigen Welt

Diese neue Entwicklung, wonach immer mehr Menschen in unserer heutigen Zeit für jenes Geheimnis empfänglich werden, das die esoterische Überlieferung über Jahrhunderte hinweg im Verborgenen weitergegeben hat, ist wichtig. In den letzten Jahrzehnten stellten wir fest, dass die moderne Theologie allmählich gar nicht mehr versteht, wer Jesus denn nun eigentlich war. Es gab keinerlei Verständnis mehr für das so besondere und alles entscheidende Geheimnis seines Lebens; dass er ein Mensch war, der den kosmischen Christus-Geist oder auch Sonnengeist zur Erde hinabtragen durfte, bleibt für das moderne Christentum bis auf den heutigen Tag unbegreiflich und damit auch unwahr. Das ergibt sich auch aufgrund der Tatsache, dass die moderne Theologie stark in den Bann des Denkens geraten ist und daher nur noch schwer glauben kann, dass wirklich eine geistige Welt existiert, in der sowohl die Engel als auch die Verstorbenen leben, eine Welt, in der wir vor unserer Geburt gelebt haben und in die wir nach unserem Tod wieder zurückkehren.[5] Die moderne

Theologie hat daher in Ermangelung besseren Wissens aus Jesus eine Art Freiheitskämpfer gemacht, wie Che Guevara, Mahatma Gandhi oder Nelson Mandela.

Die traditionelle Theologie, die in der heutigen Zeit unter anderem durch Papst Benedikt verkörpert wird, bleibt hingegen in Dogmen stecken, mit welchen der moderne Mensch ebenso wenig leben kann. Die Impulse, die wir nachts von unserem Engel empfangen, führen uns ja weg aus dem Dunstkreis des Dogmas und lenken uns auf den Weg nach innen, hin zu unserem eigenen Wissen. Durch diese doppelte Schieflage droht in unserer heutigen Zeit der Einblick in das Geheimnis Jesu, der zum Christus wurde, verlorenzugehen. Ich spreche über Schieflage nicht im verurteilenden Sinne, sondern lediglich als Feststellung. Wenn bestimmte Erkenntnisse und Ansichten nicht mehr in Übereinstimmung mit dem sind, was der Mensch der heutigen Zeit benötigt, führt das zu einer Schieflage, und derartige Ansichten und Erkenntnisse – die in früheren Zeiten vielleicht durchaus sinnvoll waren – verlieren ihre Bedeutung. In der heutigen Zeit bringen uns beide Wege nicht weiter – weder der Weg der modernen Theologie noch der des traditionellen Christentums. Daher entsteht in unserer Zeit eine gefährliche geistige Leere.

Doch glücklicherweise greift die geistige Welt, wenn nun eine solche geistige Leere entsteht, von selbst ein. Daher empfangen wir nachts von unserem Engel jene besonderen Impulse, die uns dazu bringen sollen, Einblick in das kosmische Geheimnis des Abstiegs des Sonnengeistes zu suchen – und das auf eine Weise, die dem heutigen Menschen entspricht. Einsichten also, die uns auf eine neue Weise, entsprechend der heutigen Zeit und der aktuellen Phase der Evolution, mit dem Geheimnis des kosmischen Christus verbinden. Daher legen die Engel in der jetzigen Zeit auch ganz besonders jede Nacht den Impuls in unser Herz, uns auf die Suche nach dem Zusammenhang zwischen der irdischen

Wirklichkeit und der geistigen Welt zu begeben. Daher begegne ich auch immer mehr Menschen, die oft keinerlei christliche Erziehung genossen haben, aber dennoch beinahe überrascht sagen: „Irgendwie habe ich etwas mit Christus – oder mit Jesus – zu tun. Ich weiß nicht warum, aber ich komme von diesem Gefühl einfach nicht los." Das Faszinierende daran ist, dass derartige Äußerungen auch von Moslems, Buddhisten und anderen Glaubensangehörigen gemacht werden. Damit wird deutlich, wie die Tatsache, dass man sich des Geheimnisses des Herabsteigens des Sonnengeistes bewusst wird, der im Christentum als *Christus* bezeichnet wird, ein universelles Geschehen ist, das irgendwie in allen Religionen und religiösen Gemeinschaften ganz zaghaft zu erblühen beginnt.[6]

Ein neuer Weg öffnet sich

Wenn wir Einblick in die Art und Weise erhalten, wie uns unser Engel jede Nacht inspiriert, bekommen wir ganz langsam Einblick in das kosmische Geheimnis des Sonnengeistes. Irgendwie beginnen wir, das Geheimnis zu erspüren und uns dafür zu öffnen. Wo traditionelles Christentum und moderne Theologie die Menschen nicht mehr länger inspirieren können, sind es in der heutigen Zeit die Engel selbst, die uns auf neue Weise zeigen, wie die irdische und die geistige Welt untrennbar miteinander verbunden sind – durch den Abstieg des Sonnengeistes zur Erde.

Was ich hier beschreibe – wie der nächtliche Impuls unseres Engels, uns zu lehren, den Zusammenhang zwischen der irdischen Wirklichkeit und der geistigen Welt zu verstehen, uns Menschen allmählich zu einem ganz neuen Gespür verhilft und uns dazu bringt, das Christus-Geheimnis mit der Zeit zu verstehen – ist erst der Anfang. Es gibt in der heutigen Zeit bisher nur wenige, die uns auf diesem neuen Weg vorangehen. Doch es handelt sich auch um eine Entwicklung, die in den kommenden Jahrzehnten immer stärker und immer mehr Menschen sichtbar werden wird. Immer mehr Menschen werden, durch die Engel persönlich dazu angeleitet, in ihrem Inneren Einblick in das kosmische Geheimnis des Sonnengeistes erhalten, der im Menschen Jesu inkarniert war. In der Tat erleben wir in unseren Tagen den großen Zeitenwandel, der sich in der oben skizzierten Entwicklung allmählich abzeichnet.

7.

Wie wir mit unserem Engel in Kontakt kommen können

Selbst auf der Suche nach der Verbindung mit unserem Engel

Wie ich im vorangegangenen Kapitel beschrieben habe, legt unser Engel nachts verschiedene Impulse in unser Herz. Unbemerkt, so dass unsere Freiheit, auf diese Impulse einzugehen oder nicht, erhalten bleibt. Mehr denn je zuvor respektieren die Engel unsere Freiheit. Wir dürfen in der heutigen Zeit lernen, die Verantwortung für unser Leben nicht (mehr) auf andere abzuschieben, sondern sie bewusst auf uns zu nehmen. Wir dürfen sie nicht auf andere Menschen abschieben, aber ebenso wenig auf die Engel.

Diese Selbstverantwortung beinhaltet unter anderem auch, dass wir, wenn wir zu einer bewussten Verbindung mit den Engeln kommen möchten, selbst die nötigen Schritte dazu unternehmen müssen. Die Engel drängen sich uns nicht auf, sondern überlassen es uns, ob wir mit ihnen in Kontakt treten möchten oder nicht. Wenn sie sich uns aber zu erkennen geben und in all ihrem Glanze vor uns stehen, wird eine solche Begegnung so überwältigend sein, dass wir keine andere Wahl mehr haben.

Dann werden wir uns sowohl ihnen gegenüber als auch der tatsächlichen Existenz der Engelwelt gegenüber geschlagen geben müssen. Daher halten sie sich so weit wie möglich zurück und warten auf uns: Sie geben sich nur dem zu erkennen, der – bewusst oder unbewusst – in seinem Inneren schon eine Verbindung zu ihnen gefunden hat, und das vor allem in extremen Situationen, in welchen der Mensch nicht mehr weiter weiß. Die Engel hoffen also, dass wir uns selbst auf die Suche nach ihnen machen und ganz von selbst entdecken, wie wir uns mit ihnen verbinden können. Gelingt uns dies, so ist das für sie eine besondere, freudige Erfahrung, die sie intensiv genießen. Sie sind ja tagein, tagaus bei uns: Sie stehen uns bei, tragen unseren Kummer mit uns und teilen unsere Freude. Gerade weil sie so eng mit uns verbunden sind, hoffen sie auf eine lebendige Verbindung mit uns. Sie lassen uns darin jedoch vollkommen frei und hoffen folglich, dass wir es lernen, diese Verbindung selbst zustande zu bringen.

Nun werden von der esoterischen Überlieferung verschiedene Wege angegeben, wie wir zu einer bewussten Verbindung mit den Engeln kommen können. All diese verschiedenen Wege haben eine bestimmte Lebenseinstellung zur Folge, die dazu führt, dass wir eine spürbare Verbindung zu unserem Engel bekommen:

◊ Es handelt sich um eine Lebenshaltung, bei der wir lernen, für das empfindsam zu werden, was sich hinter dem sichtbaren Äußeren verschiedener Ereignisse verbirgt.

◊ Es handelt sich um eine Lebenshaltung, bei der Anspruchslosigkeit eine wichtige Rolle spielt, denn diese veranlasst uns, auch Dinge, die wir nicht sehen oder beweisen können, für möglich zu halten.

◊ Es handelt sich um eine Lebenshaltung, bei der wir die Sensibilität als ebenso wichtig erachten wie klares Denken und in der Kombination dieser beiden Fähigkeiten den richtigen Lebensweg sehen.

◊ Es handelt sich um eine Lebenshaltung, bei der wir uns bewusst werden, wie sehr wir die Liebe brauchen und diese gern entgegennehmen – nicht nur von geliebten Menschen in unserem Umfeld, sondern auch von unseren Engeln.

◊ Viele Menschen denken zu Unrecht, dass es wichtig ist, hellsichtig zu werden. Darum geht es wirklich nicht. Es geht darum, eine Sensibilität zu entwickeln, durch die wir uns der Hilfe, der Treue und der Liebe unseres persönlichen Engels bewusst werden.

Sensibel werden für den „Zufall"

Immer mehr Menschen werden sensibel dafür, dass der Zufall gar nicht zufällig geschieht, sondern dass hinter einem sogenannten Zufall das unsichtbare Wirken der Engel aufscheint. Man hat einen Kummer und weiß nicht so recht, wie es weitergehen soll, und gerade in diesem Moment ruft der beste Freund/ die beste Freundin an und sagt: „Ich hatte plötzlich das Gefühl, dass ich dich eben mal anrufen sollte." In einer solchen Situation sagen wir dann ganz schnell: „Was für ein Zufall, dass du gerade jetzt anrufst." Doch so zufällig ist das gar nicht, denn ein Engel hat diesen Impuls, genau jetzt anzurufen, ins Herz Ihres Freundes/Ihrer Freundin gelegt. Dieser Freund/diese Freundin hat diesen Engel weder gesehen noch gespürt, bemerkte jedoch sehr wohl jenen Impuls und hörte darauf.

So geschehen im Leben eines jeden Menschen immer wieder allerhand Zufälle. Was für ein Zufall, dass Sie jene Informationen über eine alternative Behandlungsmethode gerade dann entdeckten, als Sie ernsthaft krank waren – eine Behandlung, die dafür gesorgt hat, dass es Ihnen wieder besser geht. Wie kam es eigentlich dazu, dass Sie gerade in jenem Moment diese Informationen erhielten? Weil die Engel das geregelt haben. So gibt es so viele Zufälle, und je mehr Sie darauf achten, desto häufiger begegnen Ihnen diese im Leben.

Nun geht es darum, dass Sie sich dieser Zufälle bewusst werden und sich folglich auch bewusst machen, dass hinter diesem sogenannten Zufall die verborgene Hilfe eines Engels steckt. Wenn Sie auf diese Weise erkennen, was Ihr Engel alles im Stillen für Sie regelt, werden Sie wahrscheinlich von selbst darauf kommen, sich bei Ihrem Engel zu bedanken:

„Danke, lieber Engel, für deine Hilfe." Je aufmerksamer Sie darauf achten, was in Ihrem Leben alles geschieht, desto bewusster wird Ihnen die stille, fortwährende und wirklich unablässige Hilfe Ihres Engels werden.

Sie können auch, wenn Sie etwas älter sind, lernen, auf die Jahre und Ereignisse zurückzublicken, die inzwischen hinter Ihnen liegen. Bei diesem Rückblick geht es darum, dass Sie nachträglich allerhand Zufälle erkennen, die Sie noch gar nicht bemerkt haben, und dass Sie dahinter immer mehr das stille Werk Ihres persönlichen Engels zu erahnen beginnen. Sensibel zu werden für den sogenannten „Zufall" – das ist der erste Schritt auf dem Weg in eine bewusste Verbindung mit Ihrem persönlichen Engel.

Lernen, die eigene Sensibilität zu entwickeln

Die zweite Art und Weise, um mit Ihrem Engel in Verbindung zu kommen, besteht darin, Ihre Wahrnehmungsfähigkeit zu schärfen und ernst zu nehmen. Heutzutage gibt es so viele Menschen, die ihren Empfindungen misstrauen. Ich habe darüber im 3. Kapitel geschrieben, als ich erklärte, dass wir auf Erden lernen müssen, die drei großen Kräfte des Denkens, Fühlens und Wollens zu läutern und miteinander zu verbinden.

An jener Stelle stellte ich außerdem fest, dass wir es heute nicht lernen, mit unserem Gefühl zu leben. Die Entwicklung des Verstandes steht zumeist im Vordergrund. Dass Kinder beim Heranwachsen vor allem auch eine fürsorgliche Begleitung im Hinblick auf die Entwicklung ihres Gefühlslebens benötigen, ist ein nahezu vergessenes Thema. Die Arbeit mit Farben gestalten, das richtige Erfassen von Situationen erlernen, Kreativität entwickeln – für Kinder ist das mindestens ebenso wichtig wie die Schulung des Denkens. Wenn Kinder es nicht lernen, ihr Gefühlsleben zu entwickeln und auf sinnvolle Weise damit umzugehen, werden sie sich oft nicht oder kaum der vielen Gefühle bewusst, die sie durchfluten. Außerdem werden sie dann nicht dazu fähig, ganz klar den Unterschied zwischen einem echten Gefühl und Einbildung zu spüren. Doch gerade wenn es um solche subtilen Gefühle wie die Berührung mit einem Engel geht, ist es sehr wohl wichtig, einen solchen Unterschied wahrnehmen zu können.

Mit ziemlicher Gewissheit darf ich bei Menschen ihren Schutzengel wahrnehmen. Vor allem, wenn mir Menschen bei einem persönlichen Gespräch gegenübersitzen, sehe ich regelmäßig ihren Schutzengel. Einige Male, wenn es sich so ergibt und wenn ich denke, dass der andere vor einer solchen Frage nicht erschrickt, frage ich mein Gegenüber schon einmal, ob er bzw. sie die stille, tröstende Gegenwart des Engels auch spürt. So erinnere ich mich an einen Mann, der mir gegenüber saß und mir seine Geschichte erzählte. Hinter ihm sah ich seinen Engel stehen. Ich sah auch, wie der Engel seine Arme/Flügel in einer unendlich liebevollen Geste um die Schultern des Mannes geschlungen hielt. Ich verstand auch, weshalb der Mann diese Hilfe bekam: Um zum ersten Mal in seinem Leben schmerzhafte Erfahrungen auszusprechen, über die er noch nie mit jemandem gesprochen hatte. Am Ende dieses bewegenden Gespräches, das dem Mann eine spürbare Erleichterung geschenkt hatte, fragte ich ihn, ob er die Hilfe und Anwesenheit seines Engels gespürt habe. Seine Antwort lautete: „Ja, ich habe schon eine deutliche Wärme gespürt, aber der Ofen ist hier auch sehr warm."

In dieser Situation rationalisierte der Mann seine Gefühle mit Hilfe seines Denkens weg. Dies kommt sehr häufig vor und ist die Folge der Tatsache, dass wir es nicht lernen, unsere Gefühle zu schärfen und ernst zu nehmen.

Es gibt Menschen, die im Gebet oder in der Meditation mit einem Engel in Berührung gekommen sind. Sie nahmen beispielsweise deutlich eine Hand auf der Schulter wahr, obwohl sich niemand anders im Raum befand. Andere spürten, dass ihnen jemand sacht über die Wange strich oder sie dort sanft küsste – und wieder geschah dies, als niemand anderes im Raum war.

Jemand erzählte, dass in einem Moment der völligen Verzweiflung plötzlich ein freundlicher alter Mann im Raum stand, der sagte: „Du bist nicht allein." Nach diesen Worten verschwand er ebenso plötzlich, wie er gekommen war, wobei die Zimmertür die ganze Zeit über geschlossen war und blieb. Ein anderer berichtete von einer Stimme, die auf einmal im ansonsten leeren Raum erklungen war und gesagt hatte: „Ich werde für dich sorgen."

Je sensibler wir werden, desto mehr wächst auch die Chance

auf solche Erfahrungen; nur Sensibilität ist imstande, die so subtile Berührung aus der anderen Wirklichkeit wahrzunehmen und zu bemerken.

Staunen als schnellster Weg zu unserem Engel

Die dritte Möglichkeit, um mit unserem Engel in Verbindung zu kommen, besteht darin, Staunen zu entwickeln. Betrachten Sie alles, was in Ihrem Leben geschieht, mit einem andächtigen Staunen. Empfinden Sie nicht alles als selbstverständlich, sondern sehen Sie mit Freude das Lächeln, mit dem andere Menschen auf Sie zukommen. Sehen Sie die unbefangene, verletzliche Liebe eines Kindes und staunen Sie darüber: Solch eine Liebe gehört zu den größten und besondersten Erfahrungen im Leben. Betrachten Sie auch voller Staunen die Schönheit einer Blume oder die Art und Weise, wie das Licht gerade fällt.

Blicken Sie einmal auf Ihr Leben zurück und entdecken Sie, was Sie damals noch nicht sehen konnten, als Sie sich mittendrin befanden. Sehen Sie, wie Ihnen gerade in schwierigen Momenten geholfen wurde und Sie getragen wurden. Sie dachten, Sie stünden allein da, Sie dachten, dass es niemanden gäbe, der da ist, um Ihnen zu helfen. Doch wenn Sie nun zurückblicken, sehen Sie, wie liebevoll Sie durch jene Finsternis hindurchgeführt wurden – so lange bis es wieder hell wurde.

Blicken Sie auf Ihr Leben zurück und erkennen Sie, dass alles, was Sie mitgemacht haben, notwendig war, um der Mensch zu werden, der Sie nun geworden sind. Wirklich alle Ihre Erfahrungen waren nötig, auch die dunklen; denn ohne diese düsteren Erfahrungen wären Sie nicht so milde, so weise und so tolerant geworden. Ohne diese Erfahrungen hätten Sie nicht so viel vom Leben gelernt und nicht so viele Einsichten erworben.

Staunen macht uns bescheiden, dankbar und berührbar. Doch Staunen lässt Sie auch die Hilfe Ihres Engels erkennen: Wie die Hilfe stets da war, auch als Sie diese selbst nicht sehen und fühlen konnten.

Wer staunen kann, der baut damit ein Band zu seinem persönlichen Engel auf.

Staunen – das ist der schnellste Weg, um mit unserem Engel in Kontakt zu treten.

Wie wir durch die Liebe wachsen, die uns unser Engel schenkt

Die vierte Möglichkeit, um mit Ihrem persönlichen Engel in Kontakt zu treten, besteht darin, einen Blick für die Liebe zu bekommen, die dieser uns sendet. Unser Engel macht uns nämlich das Geschenk seiner bleibenden, verlässlichen Liebe. Was wir auch tun, welchen Lebensweg wir auch wählen und wie sehr wir uns auch von unserem Engel abwenden, er bleibt uns treu und schenkt uns weiterhin seine Liebe. Dieser Liebe verdanken wir es, dass wir Menschen am Leben wachsen können, dass wir schwierige Erfahrungen verarbeiten und loslassen sowie innere Stärke entwickeln können. Wer diese Dinge bei sich entdeckt – die stille Entwicklung von Einsicht, die wachsende Geisteskraft und die zunehmende Fähigkeit, Schmerz loszulassen, der mag sich bewusst werden, dass dies (mit der) durch die Liebe möglich wird, die unser Engel uns im Verborgenen fortwährend schenkt. Bei meinem eigenen Leben kann ich jene Momente ablesen, in welchen mein persönlicher Engel mich mit seiner Liebe aufrecht gehalten und durch Prüfungen hindurchgetragen hat. Ich ehre diese Momente: Sie haben mich bleibend geformt und mich für immer in tiefer Liebe mit meinem Engel verbunden.

Nach unserem Tod werden wir in der geistigen Welt in Bildern gezeigt bekommen, was sich im Verborgenen, hinter dem Schleier, in unserem irdischen Leben abgespielt hat. Wir werden dabei auch erkennen, wie viel Kraft uns die Liebe unseres Engels in vielen Situationen geschenkt hat. Wir werden erkennen, dass wir unsere irdischen Aufgaben ohne diese Liebe nicht hätten vollbringen können. Nach unserem Tod werden wir folglich erst richtig erkennen, wie stark die Liebe unseres Engels uns durch alles hindurchgetragen hat. Doch jetzt schon, in diesem Leben, kann jeder Mensch, der seine Sensibilität schärft und es lernt, mit Staunen zurückzublicken, etwas von dieser Liebe spüren.

Unser Engel braucht unsere Liebe, unsere Dankbarkeit und unser Staunen

Unser Engel durchläuft selbst auch aufgrund all dessen, was er mit uns mitmacht, eine gewisse Entwicklung. Jeder, der andere Menschen begleiten und ihnen beistehen darf, weiß, dass man durch diese Begleitung auch selbst wächst. Man erhält Einblick in die menschliche Seele, man entdeckt, wie Menschen in verschiedenen Situationen reagieren, man beginnt zu verstehen, wie sie schwierige Erfahrungen verarbeiten oder einfach verdrängen. Die Begleiterin/der Begleiter und der Klient wachsen gemeinsam aneinander; denn nicht nur der Begleiter schenkt dem Klienten Trost und Einsicht, auch der Klient macht dem Therapeuten Geschenke, durch die sich dieser weiterentwickeln kann. So wächst auch unser Engel an dem, was er mit uns mitmacht.

Dabei gibt es laut der esoterischen Überlieferung drei ganz verschiedene Geschenke, die wir unserem Engel machen dürfen, die ihn wachsen lassen und auf seinem Weg des geistigen Wachstums weiterbringen. Diese drei Geschenke sind Folgende:

◊ Das Geschenk der Liebe: Wenn wir es lernen, die Liebe unseres Engels mit Gegenliebe zu beantworten, wird diese Liebe für unseren Engel einen gewaltigen Impuls bedeuten – einen Impuls, der diesen viel schneller wachsen lässt, als er wachsen würde, wenn wir ihm diese Liebe nicht entgegenbringen würden.

◊ Das Geschenk unseres Staunens: Die Kraft unseres Staunens setzt in unserem Engel eine Entwicklung in Gang, die in ihm ganz neue Möglichkeiten zur Entfaltung bringt.

◊ Das Geschenk unserer Dankbarkeit: Dies ist das Geschenk, durch das unserem Engel die Bedeutung der Dankbarkeit mehr denn je bewusst wird. Er wird sich sein ganzes weiteres Leben lang bewusst bleiben, wozu Dankbarkeit imstande ist: Sie ist eine der größten geistigen Kräfte im Universum.

8.

Tägliche Hilfe durch unseren Engel

Die Lektionen, die wir zu lernen haben

Mit seiner Liebe und seinem fortwährenden Beistand ist unser
Engel unser gesamtes Leben lang mit uns zusammen. Dabei begleitet er uns auf der Basis einer großen Einsicht in die Lektionen, die wir hier zu lernen, in die Geschenke, die wir zu geben
und in die Aufgaben, die wir zu erfüllen haben. Wir kommen ja
stets auf Erden, um bestimmte Lektionen zu lernen. Natürlich
haben wir vergessen, welche Lektionen das sind; denn das große
Vergessen im Zuge unseres Abstiegs zur Erde hat auch die Erinnerung an diese Lektionen gelöscht. Dennoch können Sie sich
dieser Lektionen durchaus ein Stück weit bewusst werden, wenn
Sie darauf achten, was Ihnen widerfährt. Welches sind die Aufgaben und die Herausforderungen, vor die das Leben Sie stellt?
Müssen Sie die Lektionen des Loslassens lernen oder müssen Sie
lernen, mehr für sich selbst einzutreten und Ihre Grenzen ein
Stück weit energischer zu verteidigen? Oder müssen Sie Hingabe lernen, oder Dankbarkeit, oder Bescheidenheit? Oder müssen
Sie lernen, mit Reichtum umzugehen und einen Großteil dessen,
was Sie bekommen, für das Wohl der Allgemeinheit einzuset-

zen? Oder müssen Sie einfach nur die Lektion der Armut lernen? Es gibt so viele Arten von Lektionen, die auf dieser Erde zu lernen sind. Welche Lektionen die unseren werden, hängt eng mit unserem Karma zusammen oder mit dem, was wir in vergangenen Leben liegengelassen und uns noch nicht angeeignet haben.

Im vorangegangenen Kapitel stellte ich die Übung vor, bei der man auf das eigene Leben und alles, was darin auf einen zukam, zurückblickt. Es ist eine Übung, die dazu bestimmt ist, Dankbarkeit zu lernen. Doch dabei kann man auch eine gewisse Sensibilität für die Lektionen entwickeln, die man in diesem Leben offensichtlich zu lernen hat. Diese Lektionen kann man daran erkennen, dass sie mit heftigen Emotionen, wie Schmerz, Wut, Kummer und Ohnmacht, einhergehen. Man kann sie auch an bestimmten Situationen oder Erfahrungen erkennen, die sich im Leben wiederholen.

Derjenige, der bis ins kleinste Detail weiß, welche Lektionen wir genau lernen müssen, ist unser Schutzengel. Er hat uns ja auf dieses Leben und diese Inkarnation vorbereitet; und das tat er aufgrund seiner Kenntnis über die Lektionen, die wir hier bewältigen müssen.

Geschenke, die wir zu geben haben

Wir kommen nicht nur hierher, um unsere Lektionen zu lernen, sondern auch, weil wir etwas zu geben haben – anderen Menschen, der Erde oder dem Leben auf Erden. Uns bewusst zu machen, welche Geschenke das denn sind, gehört ebenfalls zu dem Auftrag, den unser Engel hat. Doch ob er uns das bewusst machen kann, hängt von uns selbst ab, nämlich von der Frage, ob wir für seinen Einfluss offen sind.

Was wir geben dürfen, ist übrigens ganz unterschiedlich. Manche von uns dürfen mit der Kraft der Liebe anderen Menschen dabei helfen, ihre karmische Aufgabe zu erfüllen, die meist nicht einfach ist. Andere dürfen die Menschen in unserer heutigen Zeit darin unterweisen, auf eine andere Art und Weise mit Tieren umzugehen und so zur Linderung des Leidens der Tiere beitragen. Wieder andere dürfen auf ihre eigene Weise die Welle der Bewusstwerdung und des spirituellen Erwachens unterstützen, die derzeit über die Erde rollt. Es gibt so viele Aufgaben und so viele Arten von Geschenken, die wir geben dürfen. Die Erkenntnis des eigenen Geschenkes, das wir zu geben haben, sorgt dafür, dass wir noch zielgerichteter versuchen können, diese Geschenke weiterzugeben. Wer sich seiner Stärke bewusst wird – dessen, worin er gut und stark ist – kann daran ablesen, welche Geschenke er in diesem Leben machen darf.

Manche Kinder der Neuen Zeit, die heute zur Erde kommen, erinnern sich noch: „Ich bin gekommen, um Liebe zu bringen", sagt ein sechsjähriger Junge ganz bestimmt. Ein anderes Kind sagt: „Ich will den Menschen lehren, dass Gott jeden liebt und die Menschen sich nicht gegenseitig bekämpfen sollen." Auch für diese Kinder gilt, dass sie, wenn sie älter werden, dieses Bewusstsein ihres Auftrages meist wieder verlieren. Doch irgendwie werden die Menschen in ihrem engsten Umfeld sich erinnern, dass jene Aussagen von damals gleichsam das Lebensmotto dieser Kinder auf Dauer prägten.

Unser Engel hat uns schon in früheren Leben begleitet

Unser persönlicher Engel ist auch bei allen unseren früheren Leben mit auf die Erde gekommen. Wenn wir darüber genauer nachdenken, wird es wahrscheinlich noch deutlicher, dass unser persönlicher Engel genau weiß, was wir hier lernen müssen. Er hat ja miterlebt, welches Karma in unseren früheren Leben liegen geblieben ist und welche Lektionen daher in diesem Leben immer noch auf uns warten. Aufgrund dieser Kenntnis und Einsicht versucht unser Engel, uns zu inspirieren und zu begleiten, so dass wir auch wirklich lernen, was wir zu lernen haben, und nicht vor unseren Lektionen weglaufen. Das ist übrigens nicht leicht für unseren Engel. Er muss unsere Freiheit wahren und möchte uns zu nichts zwingen. Unser Engel muss folglich auch lernen zu ertragen – ohne einzugreifen! – dass wir unsere Lektionen nicht angehen und diesen ausweichen. Er muss die Geduld und Liebe aufbringen, um uns unsere Fehler in aller Freiheit machen zu lassen. Er muss lernen, voller Liebe für uns zuständig zu bleiben, auch wenn wir unsere Lektionen beharrlich verweigern. Es ist sicherlich deutlich geworden, dass diese Erfahrung auf ihre Weise auch eine wesentliche Lektion für unseren Engel beinhaltet!

Handfeste Lektionen

Es gibt einige Lektionen, mit welchen die meisten von uns in ihrer jetzigen Inkarnation konfrontiert werden. Das sind Folgende:

◊   Unsere Aufgabe, uns selbst und unseren persönlichen Lebensweg zu erkennen.
◊   Die Lektion, das Loslassen zu lernen.
◊   Die Lektion, Brüche mit anderen Menschen ertragen zu lernen und zu akzeptieren sowie uns selbst nicht verbittert zu verschließen.

◊ Die Aufgabe zu erkennen, was ich für meine Lieben, meine Familie, mein Volk und die ganze Menschheit bedeuten darf.

Selbsterkenntnis

Die erste Lektion ist die der Selbsterkenntnis. Wer bin ich? Welches sind meine positiven Seiten, welches sind meine Schattenseiten? Mit welcher Eigenschaft riskiere ich, andere immer wieder zu verletzen? Mit welcher Eigenschaft kann ich die Menschen glücklich und fröhlich machen? Bin ich imstande, den anderen so sein zu lassen, wie er ist, wie auch immer er sich verhalten mag, oder urteile ich leichtfertig und rasch über andere? Lasse ich mich leicht irritieren oder kann ich auf alle möglichen Situationen mit Humor reagieren? Es geht darum, dass wir es lernen, uns selbst Fragen dieser Art zu stellen und die Ehrlichkeit aufbringen, uns bei der Beantwortung dieser Fragen nicht besser darzustellen, als wir sind.

Diese Lektion umfasst also auch die Fähigkeit, sich selbst gleichsam mit einem Schritt Abstand zu betrachten, wie einen Fremden, und so objektiv wie möglich festzustellen, wie dieser „Fremde" agiert. So objektiv wie möglich – das heißt ohne Vorurteile, aber auch, ohne den „Fremden" in den Himmel zu heben.

Diese Lektion schenkt uns Selbsterkenntnis und hilft uns, Selbstbewusstsein zu erwerben. Das ist an sich schon etwas Besonderes; denn noch nie zuvor in der Evolution war der Erwerb von Selbsterkenntnis für jeden, der es nur will, so zum Greifen nahe. Das Aufkommen der Psychologie, aber auch die spirituelle Bewusstwerdung unserer Zeit machen dies mit möglich. Betrachtet man es im großen Gesamtrahmen der Evolution, so kann man feststellen: Die letzten Jahrhunderte standen, was unser geistiges Wachstum betrifft, im Zeichen der Entwicklung des

Denkens. Doch nun steht unser Wachstum und unsere Entwicklung mehr und mehr im Zeichen einer wachsenden Bewusstwerdung unserer eigenen Persönlichkeit. Die Tatsache, dass Sie dieses Büchlein lesen, hat genau mit dem Erwerb dieser Selbsterkenntnis und dieser Bewusstwerdung zu tun.

Nun ist es ja oft so, dass wir gerade in einem schwierigen Lebensabschnitt beginnen, Fragen zu stellen, in einer Zeit des Glücks dagegen nicht wirklich dazu neigen, über uns selbst und alles, was geschieht, zu reflektieren. Daher werden die meisten von uns schmerzhafte und schwierige Lebenserfahrungen machen – einfach deshalb, weil diese uns dazu bringen, Fragen zu stellen und uns beibringen, über uns selbst nachzudenken. Dabei ist es unser Engel, der diesen Prozess begleitet und sowohl versucht, uns dazu zu bringen, Fragen zu stellen, als auch, uns zu den richtigen Antworten zu führen. Folglich kommt es auch nicht von ungefähr, dass so viele Menschen erzählen, sie wären gerade in einem schwierigen Lebensabschnitt in Kontakt zu ihrem Engel gekommen!

Es ist schon etwas Besonderes, was unser Engel in dieser Hinsicht mit uns durchlebt: Engel kennen keine Selbsterkenntnis und haben auch noch nie in einer Situation gelebt, in der es möglich wurde, Selbsterkenntnis zu erlangen. Dies kann man nur in einer verdunkelten Welt, in der die Menschen die Chance bekommen, eigene Entscheidungen zu treffen, auch wenn diese Entscheidungen falsch sein sollten. So können sie sich ihrer eigenen Persönlichkeit bewusst werden – indem sie fallen und immer wieder aufstehen. In solch einer Welt haben die Engel niemals gelebt. Unser Engel macht somit – in dem er uns begleitet – ganz neue Erfahrungen!

Die Lektion des Loslassens

Die zweite große Lektion, bei der unser Engel uns äußerst liebevoll zur Seite steht, ist die Lektion des Loslassens. Immer klarer kommen wir zu der Erkenntnis, dass das Leben auf Erden im Kern seines Wesens Wachstum und Entwicklung ist. Morgen bin ich wieder anders als heute, morgen habe ich wieder andere Erkenntnisse als heute. Würde ich dieses Buch nächstes Jahr schreiben, wäre es ein anderes Buch geworden, aus dem einfachen Grund, weil ich inzwischen ein anderer Mensch geworden bin. Betrachten wir einmal eine Blume: Auch diese Blume sieht morgen wieder anders aus als heute. Und betrachten wir unseren eigenen Körper: Unser Körper verändert sich von Tag zu Tag, er wächst, wird erwachsen, altert und bleibt keinen Moment gleich. So ist es auch mit unserer Seele und mit unserem Herzen. Durch alles, was wir erleiden und erleben, verändern sie sich fortwährend und bleiben keinen Tag so, wie sie sind.

Dies scheint vielleicht einfach, ist es jedoch mit Sicherheit nicht. Allein die esoterische Überlieferung kennzeichnet dieses Prinzip des Wachstums und der Entwicklung als Merkmal des Lebens. Die kirchliche Tradition hingegen denkt in starren Dogmen und einer Wahrheit, die in allen Jahrhunderten dieselbe geblieben ist.

Die esoterische Überlieferung sagt: „Die eine Wahrheit gibt es nicht." Man kann nur versuchen, auf seine Weise einem Teil dieser Wahrheit auf den Grund zu kommen. Morgen wird man das wieder anders tun als heute. Darum ist es gemäß der esoterischen Überlieferung auch Unsinn, einen Streit darüber zu beginnen, was wahr ist und was nicht. Wir bekommen dank unseres Wachstums und unserer Entwicklung immer wieder eine andere Sicht der Wahrheit. Daher sieht die Wahrheit für uns auch immer wieder anders aus.

Doch wenn es stimmt, dass die Essenz des menschlichen Lebens Wachstum und Entwicklung ist, dann werden wir auch immer wieder Altes loslassen müssen. Es entsteht ja nur dann Raum für etwas Neues, wenn wir bereit sind, alte Einsichten wieder loszulassen. Die Lektion des Loslassens ist demnach eine wichtige Lektion. Nur wer diese Lektion gelernt hat, kann immer wieder weiter wachsen. Folglich bekommt es beinahe jeder in unserer heutigen Zeit mit dieser Lektion zu tun – mit einer Lektion, die in vielerlei Gestalt auf uns zukommt. Wir müssen beispielsweise Menschen loslassen, wenn wir uns auseinanderentwickeln. Wir müssen Situationen loslassen, in die wir nicht mehr passen, beispielsweise wenn wir eine alte berufliche Laufbahn verlassen, um uns im Rahmen einer neuen Karriere weiterentwickeln zu können. Galt es zu meiner Jugendzeit noch als Ideal, so lange wie möglich bei ein und demselben Arbeitgeber im Dienst zu bleiben, und erhielt man für den langjährigen treuen Dienst eine Ehrennadel, so ist dieses Ideal in der heutigen Zeit längst verschwunden. Jetzt kennen wir 'Karriere-Planung' und fragen uns, welchen Schritt wir in unserer Laufbahn als Nächstes tun müssen. Loslassen, um eine neue Entwicklung zu ermöglichen …

Die beiden großen Voraussetzungen, die es möglich machen, auch wirklich loszulassen, sind ein ausreichendes Maß an Selbstvertrauen und der Mut, zu wagen allein dazustehen. Viele von uns entwickeln diese beiden Kräfte gerade in einer Zeit, in der von uns gefordert wird loszulassen. Wir lernen folglich dauernd, indem wir fallen und wieder aufstehen. Es dürfte deutlich geworden sein, dass unser persönlicher Engel uns mit all seiner Kraft beisteht, so dass wir diese beiden Stärken, nämlich wachsendes Selbstvertrauen und den Mut, es zu wagen, allein dazustehen, auch wirklich an den schmerzhaften Erfahrungen des Lebens lernen.

Brüche in Beziehungen anzunehmen lernen

In engem Zusammengang mit den eben beschriebenen Lektionen steht die Herausforderung, bei der wir gefordert sind zu lernen, Brüche in Beziehungen zu akzeptieren und zu verarbeiten. Insbesondere Brüche in Familienbeziehungen kommen heutzutage immer häufiger vor. Sie ergeben sich aufgrund der Tatsache, dass wir in der heutigen Zeit lernen dürfen, uns vor allem geistigen Verbindungen – mehr als Familienbeziehungen – anzuvertrauen. Familienbeziehungen betreffen unseren Körper und unser Ego, folglich die Materie. Doch geistige Beziehungen haben vor allem mit einer Verbundenheit auf der Seelenebene zu tun. Nun dürfen wir in der heutigen Zeit lernen, den Schritt weg von unserem Ego hin zu unserem Höheren Selbst zu tun, oder weg von einem Leben auf der Ebene der Materie hin zu einem Leben auf der Ebene des Geistes. Das bedeutet, dass wir bei unseren Beziehungen mehr und mehr lernen dürfen, die Betonung auf eine Verbindung im Geiste zu legen. Wir dürfen lernen, die Verbundenheit mit unseren geistigen Schwestern und Brüdern zu pflegen und uns immer wieder dafür einzusetzen. Verständlich, dass bei dieser Entwicklung immer mehr Probleme auf der Ebene der 'guten alten Beziehungen', der Familienbeziehungen, auftauchen.

An dieser Stelle möchte ich noch beiläufig bemerken, dass sich auch Familienbeziehungen zu geistigen Beziehungen entwickeln können und daher ebenfalls unser Engagement verdienen. Wir dürfen versuchen, unsere Beziehungen zu Familienmitgliedern, wo es möglich ist, in geistige Beziehungen umzuwandeln. Leider ist das längst nicht immer möglich. Wo dies irgendwie nicht gelingt oder nicht möglich ist, entstehen erst recht Probleme in diesen Beziehungen.

9.

Danke, mein Engel!

Verbunden mit den höchsten geistigen Welten

Ich erklärte bereits, dass unser Schutzengel in direkter Verbindung mit dem Erzengel Michael steht. Eine solche Verbindung zwischen zwei Engeln ist viel intensiver als die Verbindung zwischen zwei Menschen. Es ist mehr so, als würde sich der Erzengel Michael persönlich in unseren Schutzengel ergießen und ihn so inspirieren und dazu bringen, uns in seinem Sinne zu begleiten.

Doch unser Engel steht nicht nur in direkter Verbindung mit dem Erzengel Michael. Er steht über die Erzengel auch mit den höheren Engeln in Verbindung – mit den Archai, den Fürstentümern, den Mächten und Gewalten, den Thronen, den Cherubim und den Seraphim.[7] Diese immer höher klimmenden Engelwesen werden mit der „Engelsleiter" beschrieben – nach dem Traum, den der Erzvater Jakob hatte, in dem er eine Leiter sah, die auf der Erde stand und bis in den Himmel reichte. In seinem Traum sah Jakob Engel bis in den Himmel emporklettern und wieder zur Erde herabsteigen.[8] Dieser Traum symbolisiert folglich die Tatsache, dass wir – die wir hier auf der dunklen Erde leben – über unseren Schutzengel mit den höchsten geistigen

Welten verbunden sind. Die Engelsleiter verbindet uns direkt mit der erhabenen Welt Gottes. Nun wissen wir, dass das Oberhaupt der Engelwelt Christus selbst ist – der höchste kosmische Geist der Liebe.[9] So, wie sich der Erzengel Michael höchstpersönlich in unseren Schutzengel ergießt und ihn auf diese Weise inspiriert, so ergießt sich auch Christus, der Sonnengeist, höchstpersönlich in alle Engel. Es ist seine Liebe, die durch alle Engel hindurchströmt. Es ist seine Liebe, die von unserem Schutzengel auf uns herabkommt. Folglich sind wir über unseren Engel auch ganz direkt mit Christus verbunden.

Ich selbst erinnere mich noch gut daran, dass einer der ersten Engel, den ich sehen durfte, mich zu Tränen rührte, weil ich in ihm die Liebe von Christus selbst so stark spürte. Damals habe ich ganz konkret erfahren dürfen, wie wahr es ist, dass Christus sich selbst in all seiner Liebeskraft in seine Engel ergießt. Damals durfte ich auch erfahren, wie sehr wir durch unseren Engel ganz direkt mit Christus selbst verbunden sind. Danke, mein Engel, für dieses Geschenk!

Christus trägt meinen Engel, mein Engel trägt mein Höheres Selbst

Es gibt Menschen, die mich fragen, an wen sie sich denn nun eigentlich im Gebet und in der Meditation wenden sollen. An Gott? An Christus? An ihren persönlichen Engel oder an ihr eigenes Höheres Selbst? Wir Menschen denken nun einmal in getrennten Einheiten. Um diese Frage zu beantworten, werden wir uns vor Augen halten müssen, dass jene Wesen, die in der geistigen Welt leben, viel mehr miteinander *verbunden* als voneinander *getrennt* sind. Sie gehen fließend ineinander über, sie strömen ineinander, mehr als dass jeder von ihnen eine abgerundete, in sich selbst ruhende Einheit bildet. Für uns Menschen ist das schwierig zu begreifen oder sich vorzustellen; denn auf der Erde ist es gerade andersherum. Dort sind wir mehr voneinander getrennt als miteinander verbunden. Für die geistige Welt bedeutet diese Art von „Verbunden-Sein", dass wir, wenn wir uns mit unserem Engel verbinden, dadurch automatisch mit den höheren Engeln, mit Christus, mit Gott und mit unserem Höheren Selbst verbunden sind. Ich formuliere es jetzt einmal ganz profan folgendermaßen: Es macht in der geistigen Welt nichts aus, bei welchem Schalter man anklopft. Über jeden dieser Schalter bin ich mit der gesamten geistigen Welt verbunden.

Wenn wir dies begreifen, können wir uns wahrscheinlich auch bildlich vorstellen, was die esoterische Überlieferung uns mit auf den Weg gibt. Dort wird berichtet, dass Christus unseren Engel in seinen Armen und unser Engel wiederum unser Höheres Selbst in seinen Armen trägt. Versuchen Sie einmal, sich dies vorzustellen. Dann werden Sie vielleicht etwas von der tiefen Verbundenheit erahnen, die zwischen diesen drei Wesen besteht. Dann werden Sie auch verstehen, dass wir, indem wir auf unseren Engel ausgerichtet sind, zugleich auch mit unserem Höheren Selbst und mit Christus verbunden sind.

Manche Menschen fragen mich dann und wann: „Warum müssen wir uns eigentlich mit unserem Engel verbinden? Mein Engel befindet sich doch in Wirklichkeit außerhalb von mir, und in der heutigen Zeit soll ich doch gerade lernen, den Weg nach innen zu gehen, um mich dort mit meinem Höheren Selbst zu verbinden?"

Das ist an sich eine verständliche und sinnvolle Frage. Denn es ist wahr: Wir werden in der heutigen Zeit dazu aufgerufen, äußere Autoritäten loszulassen, um uns auf die Suche nach unserer eigenen inneren Autorität, nach unserem Höheren Selbst und nach unserem Gewissen zu machen. Doch wir vergessen, dass nur hier auf der Erde die Dualität, wie etwa die von innen und außen, existiert. In der geistigen Welt sind innen und außen eins. Die Erde ist die Welt der Dualität, doch die geistige Welt ist die Welt der Einheit. Das bedeutet, dass wir, wenn wir mit unserem Engel in Verbindung treten, nicht nur mit etwas im Äußeren, sondern ebenso sehr mit etwas in uns verbunden sind. Das, was dann in uns sitzt, bezeichnen wir als unser *Höheres Selbst*. Deshalb kann ich folglich sagen, dass unser Engel, Christus und unser Höheres Selbst in der geistigen Welt eng miteinander verbunden sind und in gewissem Sinne eine Einheit bilden.

Daher können wir auch sagen: Wer sich seines Engels bewusst wird, wird sich auch seines Höheren Selbst bewusst, und umgekehrt: Wer sich seines Höheren Selbst bewusst wird, steht damit gleichzeitig in einer lebendigen Verbindung mit seinem Engel. Wer sich dieser beiden bewusst wird, steht damit auch in einer direkten, lebendigen Verbindung mit Christus selbst!

Unser Engel verbindet uns folglich sowohl mit unserer inneren Welt als auch mit unserem Höheren Selbst und mit der höheren geistigen Welt – und über diese Welt auch mit Christus selbst.

Begleitung auf dem Einweihungsweg

Unser Engel steht uns in diesem Leben zur Seite. Nun ist dieses Leben als Einweihungsweg gedacht, als Weg, auf dem wir geistig wachsen, Einsicht erwerben und mit unserem Höheren Selbst und unserem Gewissen in Verbindung kommen. Dieser Weg wird seit jeher als „Einweihungsweg" bezeichnet, weil wir auf diesem Weg in das verborgene Geheimnis des Lebens eingeweiht werden.

Wenn wir diesen Weg gehen, bekommen wir die fortwährende motivierende Unterstützung unseres Engels. Die Tatsache, dass wir imstande sind, unsere eigenen Antworten zu finden, dass wir uns unseres Höheren Selbst und unseres Gewissens bewusst werden und entdecken, dass wir nicht nur irdische Schwestern und Brüder haben, sondern auch kosmische Geschwister – das alles wird durch die verborgene, stille Hilfe unseres Engels möglich. Wir werden dann, wie ich bereits erklärt habe, nach unserem Tod erkennen, wie nötig diese Hilfe war. Ohne diese Hilfe hätten wir uns dies alles nicht angeeignet.

Danke, mein Engel!

Danke, mein Engel!

Mein persönlicher Engel heißt Andreas. Er hat mir selbst erzählt, dass er so heißt. Ich freue mich, dass ich ihn mit Namen kenne. Dadurch kann ich für mein Empfinden viel direkter, aber auch viel intimer mit ihm umgehen. Ich bitte ihn anlässlich vieler Momente um Hilfe. Zu vielen Anlässen danke ich ihm für seine Hilfe. In vielen Momenten spüre ich seine tröstende, motivierende Nähe, in anderen Momenten darf ich ihn sehen.

Je älter ich werde, desto mehr werde ich mir seiner bewusst; desto mehr erkenne ich auch, dass mein Leben vollkommen anders gelaufen wäre, wenn er nicht beständig im Hintergrund anwesend gewesen wäre, um mir aufzuhelfen, wenn ich gestürzt bin. Mein Leben wäre wahrscheinlich von Ohnmacht gekennzeichnet gewesen, wenn Andreas nicht fortwährend da gewesen wäre, um mich zu motivieren und mir weiterzuhelfen. So halte ich für mich noch einen Augenblick voller Dankbarkeit inne, wenn ich in Gedanken über Andreas und nachsinne, was er für mich bedeutet.

Ich erzähle dies, weil ich hoffe, dass auch Sie, die Sie dieses Buch lesen, eine solche konkrete und direkte Verbindung mit

Ihrem Engel erfahren dürfen; dass Sie, ebenso wie ich, sogar mit ihm sprechen können, wenn Sie irgendwo spazieren gehen und Ihre Gedanken zu jemandem schweifen lassen, der es schwer hat, um dann die Hilfe Ihres persönlichen Engels für den anderen anzurufen. Das funktioniert wirklich; denn unser Engel ist eng mit dem Engel des anderen verbunden. Wenn mein Engel folglich für einen anderen um Hilfe bittet, kommt diese Bitte im selben Moment auch schon beim Engel des anderen an – und dieser macht sich mit Sicherheit an die Arbeit. Engel warten ja oft ganz bescheiden, bis sie gerufen werden. Doch wenn sie sich in Bewegung setzen, tut sich auch wirklich etwas!

Vergessen Sie auch nicht: Die Engel helfen immer! Vielleicht nicht immer so, wie wir das gern hätten. Doch sie helfen! Sie schenken Mut und Kraft. Sie helfen uns, uns auf das Positive auszurichten anstatt auf all das, was misslingt. Sie schenken Trost und Hoffnung und lassen uns spüren, dass wir nicht alleine sind.

Die Engel helfen immer! Wenn ich in meinem Leben etwas gelernt habe, dann ist es das! Es geht nur darum, dass wir uns nicht an dem festbeißen, was wir haben und bekommen möchten, sondern dass wir für alles offen sind, was die Engel uns geben möchten – und das kann schon einmal etwas ganz anderes sein, als wir erbitten. Wenn ich um Heilung bitte, mir mein Engel diese aber nicht schenken kann, weil er mir diese karmische Erfahrung nicht abnehmen darf, schenkt er mir stattdessen etwas anderes: Mut, Geduld und Ausdauer sowie die innere Bereitschaft, auch in einer Zeit von Krankheit das Vertrauen zu bewahren.

Achten Sie voller Dankbarkeit darauf, was Ihr Engel Ihnen schenken möchte. Seien Sie dankbar, auch wenn er Ihnen etwas anderes schenkt, als Sie erbeten hatten; und entdecken Sie, welchen inneren Gewinn Ihnen Ihr Engel auch bei dieser Erfahrung zuteil werden lässt.

Danke, mein Engel!

10.

Gemeinsam auf das Leben zurückblicken, das hinter uns liegt

An der Todesschwelle wartet unser Engel ebenfalls

Wenn wir sterben, stehen um unser Bett herum verschiedene geliebte Verstorbene, die kommen, um uns abzuholen. Als ich als Krankenhaus-Pfarrer Sterbende begleiten durfte, habe ich sie oft erzählen hören, wer kam, um sie abzuholen. „Jopie", rief eine sterbende Frau voller Wärme und Glückseligkeit. „Da ist Jopie." Von ihren Kindern erfuhr ich später, dass Jopie ihr kleiner Sohn war, der im Alter von drei Jahren gestorben war. Seine Mutter hatte niemals mehr über ihn sprechen wollen. Wahrscheinlich saß der Kummer zu tief, als dass sie das gekonnt hätte. Doch nun, da sie kurz vor dem Sterben war, war ihr Söhnchen gekommen, um sie abzuholen. Niemals werde ich die reine Glückseligkeit vergessen, die auf ihrem Gesicht erstrahlte, als sie ihn sah.

Ein anderer sterbender Mann, Anfang Fünfzig, sah seinen Vater dastehen: „Pa, bist du das wirklich?", fragte er überrascht. Doch dann schwand die Überraschung aus seinem Gesicht und machte Platz für eine tiefe Freude. Und mit einem Stoßseufzer sagte er: „Pa!" Das war das Letzte, was er sagte. Kurz danach starb er.

Wir werden alle von unseren Lieben abgeholt, die uns vorausgegangen sind. Doch hinter unseren Lieben steht ganz bescheiden – unser Engel. Wenn wir sterben und uns von unserem physischen Körper lösen, sind wir endlich wieder imstande, hinter den Schleier zu schauen, und sehen ihn dort stehen, unseren persönlichen Engel.[10] Meist sehen wir ihn erst nach unserem Tod. Unsere Aufmerksamkeit richtet sich häufig zuerst auf unsere lieben Verstorbenen, die uns vorausgegangen und nun gekommen sind, um uns abzuholen. Doch wenn unsere Lieben uns nach unserem Tod mitnehmen, zu den ersten Schritten in die neue – geistige – Welt hinein, wird unser Blick plötzlich auf diese Lichtgestalt fallen, die bescheiden im Hintergrund steht und wartet. Sobald wir sie sehen, werden wir innerlich mit einer tiefen Freude erfüllt, und im selben Moment erkennen wir ihn. Wir werden uns daran erinnern: Das ist er! Das ist er – unser Engel! Und voller Freude werden wir ihm in die Arme fallen.

Dort, an jener Schwelle, bei den ersten Schritten in die neue Welt hinein, werden manche von uns auch Christus persönlich sehen dürfen. Diejenigen, die sich innerlich, mit all der Liebe ihres Herzens, mit ihm verbunden haben. Auch diese Begegnung ist eine Erfüllung, verbunden mit dem Gefühl, endlich nach Hause zu kommen! Nach all dem Schmerz des Abschieds, der Krankheit und des Loslassens werden wir nun mit Freude erfüllt; mit der Freude über die Begegnung mit unseren Lieben, die uns vorangegangen sind, sowie mit der Freude über das Wiedersehen mit unserem persönlichen Engel und auch der Freude über die Begegnung mit Christus.

Gemeinsam zurückblicken

Wenn wir in aller Ruhe in diese neue Welt hinübergegangen sind, nimmt uns unser Engel an der Hand, um uns auf den Weg nach Hause mitzunehmen, zurück in die Lichtwelt, wo wir künftig wohnen und arbeiten dürfen. Unterwegs werden wir auch einmal auf das Leben zurückblicken, das hinter uns liegt. Dabei schauen wir gemeinsam mit unserem Engel zurück. Er hat uns auf dieses irdische Leben vorbereitet. Nun blickt er gemeinsam mit uns auf das zurück, was wir aus diesem Leben gemacht haben. Wir schauen gemeinsam zurück, um zu sehen, welchen geistigen Gewinn wir in jenem Erdenleben errungen haben, was wir in ihm gelernt haben, was wir anderen geben durften und was wir für sie bedeutet haben. Auch werden wir sehen, welche Lektionen für das nächste Mal liegen geblieben sind.[11]

Bei diesem Rückblick werden wir auch erkennen können, auf welche mannigfache, ganz unterschiedliche Weise unser Engel uns in jenem Leben fortwährend unterstützt hat, was er uns eingeflüstert und was er an Geisteskraft in unser Herz gelegt hat, damit wir die schwierigen Abschnitte im Leben meistern konnten. Wir werden voller Staunen feststellen, wie wir beständig getragen, geführt, motiviert und unterstützt wurden. Wir werden die Treue unseres Engels erkennen, seine unvorstellbare Liebe, die blieb, auch wenn wir ganz von der Schwingung der Liebe und Treue abgerückt waren, die unseren Engel umgibt.

Wir werden auch erkennen, was unser Engel wegen seiner Aufgabe, uns beizustehen, hat durchstehen müssen. Wir werden sehen, was er an Schmerz und Kummer hat ertragen müssen, um uns stetig führen zu können. Wir werden immer mehr in den Bann seiner unvorstellbaren Liebe und Treue gezogen werden.

Für viele von uns wird dieser Rückblick ein Erleben sein, das uns in Staunen versetzt – vor allem, weil die meisten von uns eigentlich niemals wirklich über all die Hilfe und Liebe nachgedacht haben, die uns unser persönlicher Engel in unserem Erdenleben entgegengebracht hat. Wir dachten so oft, dass wir alleine stehen, doch nun erkennen wir, dass wir niemals allein standen, sondern es fortwährend Hilfe und Beistand gab.

Wir werden auch sehen dürfen, wie glücklich unser Engel damals war, als wir uns während unseres Erdenlebens seiner Hilfe und Anwesenheit bewusst wurden. Wir werden erkennen dürfen, wie glücklich unser Engel war, dass dadurch wieder eine bewusste Verbindung zwischen uns und ihm entstehen konnte. Diese wunderbar selbstlose, bedingungslose Liebe, der wir nun von Angesicht zu Angesicht gegenüberstehen, wird uns sagen lassen: „Danke, mein Engel."

Dann werden wir uns, ganz beeindruckt von dem, was wir sehen durften, vornehmen: „Das nächste Mal werde ich versuchen, für meinen Engel besser zu sorgen. Ich werde versuchen, ihm mehr Aufmerksamkeit zu schenken, mehr Liebe und mehr Treue; denn ich möchte so gerne, dass mein Engel spürt, dass nicht nur er für mich sorgen muss, sondern ich auch ein wenig für ihn sorge!" Wenn unser Engel sieht, was wir in unserem Herzen überlegen, wird dies ein strahlendes Lächeln auf sein Gesicht zaubern; denn je gleichberechtigter das Verhältnis zwischen ihm und uns wird, desto glücklicher wird er!

Danke, mein Engel!

Anmerkungen

1) Natürlich haben einzelne Menschen den inneren Schritt zur Gleichberechtigung schon viel früher getan. Das begann schon bei den Eingeweihten in der vorchristlichen Zeit. Später schlossen sich auch viele andere diesem Bestreben an. So war das Streben nach Gleichberechtigung, nach Gleichheit auch das Ideal der Rosenkreuzer, die erleben durften, wie das Ideal von Gleichheit, Freiheit und Brüderlichkeit das geistige Ziel der Französischen Revolution von 1789 wurde. Doch erst jetzt kann dieses Ideal auch zum Bestreben ganzer Völker und Kulturen werden und wirklich Umsetzung finden, auch wenn dies auch heute noch viel Widerstand hervorrufen mag.

2) Zu den Erinnerungen von Kindern an die Zeit vor ihrer Geburt siehe: Joanne Klink, Früher, als ich groß war, Grafing 2003

3) Wirklich alle Kinder wissen das noch – ob sie nun Moslem, Christ oder Buddhist sind oder auch gar keinem Glauben angehören. Dieses Wissen hat folglich nichts mit dem Glauben zu tun, sondern ist etwas, was Kindern von Natur aus zu eigen ist.

4) Weitere Erläuterungen zu der Epoche von Michael siehe: Hans Stolp, „Mit Engeln leben", Aquamarin Verlag, Grafing 2007.

5) Ein Theologe, bei dem wir eine derartige Entwicklung wahrnehmen können, ist Dr. H. M. Kuitert. In seinen vielen Büchern verreißt er alle Vorstellungen, die auf eine Wirklichkeit ausgerichtet sind, die jenseits des Verstandes liegt.

6) Weitere Ausführungen zu der Art und Weise, wie der Abstieg des Sonnengeistes in praktisch allen großen Religionen beschrieben wird, finden Sie in meinem Buch: „Aan synagoge, kerk en moskee voorbij, van religie naar menswording" („Jenseits von Synagoge, Kirche und Moschee – Von der Religion zur Menschwerdung"), Verlag Ankh-Hermes, Deventer 2006.

7) Eine Beschreibung der verschiedenen Engelscharen und Engelhierarchien findet sich in meinem Buch: „Mit Engeln leben", Aquamarin Verlag, Grafing 2007.

8) 1. Mose 28, 10f.

9) Besonders Paulus hatte einen tiefen Einblick in die Engelwelt, die er bei seinen Astralreisen selbst sehen und schauen durfte. Auch das Neue Testament berichtet, dass Christus das Oberhaupt der Engelwelt ist, u.a. im Brief an die Kolosser 1, 15f.

10) Wenn unser Ätherleib und unser Astralleib – einschließlich unseres Höheren Selbst – sich beim Sterben vom physischen Körper abkoppeln, werden wir hellsichtig. Die esoterische Überlieferung berichtet schon seit Jahrhunderten: Hellsichtigkeit ist nichts anderes, als ein bestimmtes Maß an Flexibilität, mit der die beiden geistigen Körper den physischen Körper beherrschen.

11) Wenn Sie eine ausführliche Beschreibung der Reise, die wir nach unserem Tod antreten, wünschen, darf ich Sie gern auf das Buch verweisen, das ich gemeinsam mit Margarete van den Brink geschrieben habe: „Begegnungen im Lichtreich", Grafing 2007.

Hans Stolp
Der Weg ins Jenseits
Pbk., 140 Seiten, ISBN 978-3-89427-257-9
Hans Stolp schildert die Situation des Abschiednehmens mit viel Einfühlsamkeit und beschreibt die verschiedenen Phasen der Trauerarbeit. Mit Blick auf jene Menschen, die sich auf dem „Weg ins Jenseits" befinden, erklärt er den Trauernden, wie sie eine innere Verbindung zu ihren Lieben auf der „anderen Seite" aufbauen können. Ein wundervolles Trostbuch und ein hilfreicher Begleiter in Sterbesituationen!

Hans Stolp/M. v. d. Brink
Zeitenwandel
Pbk., 120 Seiten, ISBN 978-3-89427-353-8
Alles Alte, das sich den neuen Geisteskräften entgegenstellt, wird überwunden und ins LICHT verwandelt. Ein Zeichen der Hoffnung für eine planetarische Transformation und eine Inspiration, mit Mut die anstehenden Aufgaben der Verwandlung in Angriff zu nehmen!

Hans Stolp
Die erlösende Kraft des Verzeihens
Durch aufrichtiges Vergeben alte Bande
auflösen und wahrhaft frei werden
Geb., 160 Seiten, ISBN 3-89427-279-1
Die größte Schwierigkeit der meisten Menschen ist die fehlende Bereitschaft, alte Verletzungen zu vergeben oder Menschen zu verzeihen, die einem einst geschadet haben. In seinem berührenden und aufrüttelnden Buch weist Hans Stolp Wege, um aus der Falle des Nicht-Verzeihen-Könnens herauszufinden. Wem es gelingt, sich alte Verletzungen oder Kränkungen wirklich bewusst zu machen und durch die Liebe zu verwandeln, wird eine neue innere Freiheit finden. Eine Freiheit, die dann eine außerordentliche Heilkraft entfaltet, um am Ende dieses Prozesses dem Leben einen neuen Menschen zu schenken.

Hans Stolp
Sinnvoll leben – glücklich lieben
Taschenbuch, 196 Seiten, ISBN 978-3-89427-466-5
Hans Stolp versucht, das „Geheimnis von Beziehunge
von seinem Wesen her zu entschlüsseln.
Dabei kommt er zu dem Ergebnis, dass Beziehung
sehr viel mit „Selbsterkenntnis" zu tun haben. Wer d
Schlüssel zur Lösung seiner Beziehungsprobleme im A
deren sucht, wird sein Leben lang mit dieser Problemat
zu kämpfen haben. „Nach innen geht der geheimnisvo
Weg!" Das Geheimnis der Liebe und damit auch das G
heimnis liebevoller Beziehungen liegt im innersten W
sensgrund jedes einzelnen Menschen.
Ein berührendes Buch, das kein „Ratgeber" im üblich
Sinne sein möchte, sondern ein „Weg-Begleiter" auf ein
geheimnisvollen Reise nach innen und zur Begegnu
mit der wahren Liebe!

Hans Stolp
Die Engel sind zur Stelle
Bewegende Begegnungen mit Schutzengeln im
alltäglichen Leben
Pbk. 120 Seiten mit zahlreichen Engel-Abbildungen,
ISBN 3-89427-310-0
Hans Stolp hat in diesem anrührenden Werk einige d
bewegendsten Erfahrungen mit Engeln zusammeng
stellt. Seien es Situationen im Verkehr, im persönlich
Leben oder bei schweren Erkrankungen, immer wied
gibt es Menschen, die aus persönlichem Erleben glau
würdig versichern können, auf welchen wunderbar
Wegen ihnen die Engelwelt geholfen hat.

Hans Stolp/Margarete v.d. Brink
Begegnungen im Lichtreich
Der Umgang mit Verstorbenen
Pbk., 180 SeitenISBN 3-89427-186-8
In diesem Buch gehen die Autoren in überaus feinfü
liger Weise darauf ein, welche Verbindung noch imm
zwischen jenen besteht, die einstmals auf Erden in Lie
verbunden waren, von denen einer jedoch inzwische
durch eine geheimnisvolle Pforte gegangen ist. Sie ze
gen auf, dass ein Band der Liebe die Grundlage biet
um auch mit den Verstorbenen in einer geistigen Verbi
dung zu bleiben. Nichts kann für ewig getrennt werde
was eine höhere Macht einst in Liebe verbunden hat! E
Buch, das Himmelstüren öffnet und die Botschaft von d
Unsterblichkeit des Lebens verkündet!